こころの科学叢書

プレイセラピーへの手びき

関係の綾をどう読みとるか

田中千穂子

日本評論社

プレイセラピーへの手びき・目次

第1章　プレイセラピーのこれまでとこれから

プレイセラピーとは

「子どもに対して行われる心理療法とは何か」と問われて、こころの援助専門家がまず想起するのは、プレイセラピーということばだと思います。直訳して遊戯療法とも言われています。プレイセラピーというのは、主として子どもに対して行われる心理相談のひとつの形態です。しかし、そもそもなぜ、セラピーという用語の上に「プレイ＝遊ぶ」という冠がのっているのでしょうか？　それはどういうセラピーで、一般にいわれているセラピーとは、どこがどう違うのでしょうか？　「主として子どもに」というのは、どういうことなのでしょうか？　そもそも発達的な課題、いわゆる発達障碍なり、そのような傾向が含まれて、さまざまな症状や問題行動を呈している子どもに対して、プレイセラピーは役立つのでしょうか？　等々、あらためて考えてみると、よくわからないことが多いように思われます。そこで、それらの問題についての、これまでにいわれていることを今いちど整理することを通して、『プレイセラピーのこれから』を描いてみたいと考えます。

プレイセラピーの定義

プレイセラピーに関しては、これまでにわが国でも、さまざまな定義が提示されています。村瀬（二〇一〇）の「プレイセラピーとは、言葉によってでは十分に自分の気持ちや考えを表現するに至らないクライエントを対象に、遊ぶことや遊具を通して行われる心理療法であり、遊ぶことを通してクライエントの人格の成長と変容を目指す創造的な活動である」という説明は、これまでのわが国でいわれている諸説を集約していると思います。山崎（一九九五）は、プレイセラピーが特に子どもの心理療法としてふさわしいとされる理由を、次のように述べています。プレイ・セラピーは、「精神発達のまさに途上にある子どもの精神療法の一つの技法として工夫されたもの」であり、遊ぶことは子どもの生活そのものなので、子どもの内的問題を解決するためには、遊ぶという関わりがもっとも適切な手段になる、「子どもは遊びの中で現実と空想の間を行き来しながらさまざまなことがらを経験し、発達里程標を着実に乗り越えて」成長してゆくと語っています。ここに、子どもたちの日常と、セラピーという非日常の世界との間が『遊び』によって、つまり『遊び』が架け橋となってつながっていることが示されています。小倉（一九九五）は、プレイセラピーは子どもとセラピストとの間の関係と、遊びがもつ機能という二つがあいまって治療的効果をもつのであり、子どもは遊びのなかでセラピストとの相対的な関係のもとに、自分の精神内界を検証してゆくと述べ、セラピーという非日常的関わりのなかでの、子どもとセラピストとの関係性の重要さを指摘しています。山中（二〇〇〇）も、心理療法は『こころ』に関与する方法のひとつであり、子どもを対象とした場合、セラピストと子どもとのこころの交流が、セラピーの中心になるとしています。セラピストと子どもが互いにこころとこころを交わしながら、その関係性を軸として、子どもの抱えている問題を子どもや家族と一緒に解決していこうとするのが、セラピストの役割だといえるでしょう。

さらに山中（一九八七）は、子どもの症状は『心の要請』であり、子どもたちの「無意識の方からの声なき声であり、必死の『もがき』であり、必死の『訴え』の試みなのだという観点が絶対に必要」であると語っています。現在でも子どもの問題行動を、ただマイナスのもの、悪いものとしてしか捉えず、症状を除去することをしか考えないセラピストもいますが、症状はSOSのサインです。河合（一九九二）は問題という形でおとなに投げかけてくる子どもからの『問い』に耳を傾けるところから、セラピーははじまると語っています。私もまた、今の自分は自分と違う、もっと自分らしく生きてゆきたいという訴えが、症状や問題行動として顕在化すると考えています。ただ、本人が症状や問題行動をそのように意識化し、自覚しているとは限りません。むしろ無自覚だからこそ、からだのどこかが不調をきたして『違うよ』『助けて』とサインを出さなければならないのです。このように、その人が、未来にむけて「よりよく生きるために今、問題を出している」という積極的な意味も症状にはあり、その背後の意図をくみながらどのように対応するかを考えることが必要です。

『遊ぶ』ということそのものが子どもの育ちに与える影響、あるいは遊びがもつ治療的な意味については、これまでにもさまざまに語られています（東山一九八二、村瀬一九九一、安島二〇一〇）。プレイセラピーを用いて、子どもの症状や問題行動が改善されていったことを示す事例研究は、実際にわが国でプレイセラピーが行われている件数に比べれば圧倒的に少ないものの、着実に文章化され、積みあげられています。それらを読むことによって私たちは、その事例がどのように展開し何が起こっていったのかを理解してゆくことが可能です。また、子どもの心理的問題の捉え方や心理臨床についての概説（吉田・伊藤一九九七、弘中・濱口・宮下一九九九、永井二〇〇五）、プレイセラピーの具体的な進め方とその実際（村瀬一九九一、弘中二〇〇五）、プレイセラピストに求められる資質や、子どもに関わるセラピストの留意点について（村瀬二〇〇〇）、遊びのなかで起こること（山中一九七八）、時代に伴う子どもの悩みの質の変化の問題（村瀬二〇〇〇、山中二〇〇〇）など、多面的な角度から語られており、わが国のプレイセラピーは、確かにそのすそ野を豊かに広げ、地道に足場をかため、実績をつみ重ねてきているといえます。私自身もまた、子どもたちをめぐる、時代や社会の変化を捉えつつ、関係性の障碍という視点に焦点をあてたプレイセラピーを、具体的な事例を通して語ってきました（田中一九九三、一九九七、二〇〇九）。

いうまでもないことですが、子どもの心理療法においては、子どもと親の関係性はとても重要な要因です。一般に、児童期の子どもにプレイセラピーを用いる場合は、親に対して並行面接が行われます。親に子どもの治療のための協力者になってもらうのです。乳幼児期から子ども時代は特に、親と子は不可分の関係にあり、親はわが子の心理的問題を解決したい、という意欲が高い時期にあたります。ですので、親への心理的サポートも子どもへの心理的サポートも、結局その双方に相互的・互恵的に作用しあうのです。親が自分自身の問題を抱えており、子どもを助けたり子どものためによいと思われる環境をつくれない場合には、親自身の問題を解決してゆくことを援助します。親が精神的に楽になってゆくことが、子どもと親の関係性の育ちに有用だからです。ですから、子どものプレイセラピーと親並行面接で、ひとつのセラピーが成り立っているといえます。これが子どもの心理療法の特徴です。

実際のセラピーで、親担当セラピストと子ども担当セラピストが積極的に話し合い、チームとして機能しているケースはたくさんありますが、別々のセラピストが担当することが多いためか、事例検討会や事例研究では、それぞれが独立して報告されるほうが多いように思います。これはただ、物理的な時間の足りなさや、紙数の制約のせいだけで生じている現象とは言い切れないように私は感じています。セラピストたちが、この両者をひとつのセラピーであると捉える認識が薄い、ということがこのことによって表われているのではないかと考えます。私が言いたいのは、プレイセラピーは子どもの心理療法における、片側のセラピーであるということで、もう一方の片側に、親並行面接があるということであり、この両者をもっと積極的に絡ませながら、私たちが子どもに対してしてきたことを捉え、考えてゆくことが、子どもの心理療法のこれからの発展に不可欠ではないかと私は考えています。

そのような親との関係性を直接セラピーのなかにくみこんだものとして、乳幼児の同席治療、いわゆる親─乳幼児心理療法（田中一九九七、渡辺二〇〇〇）や、山上（一九九七）によって編み出された、自閉症の子どもと母との関係性をはぐくむ家庭療育指導があります。山上は「関係性を築く力の弱い子どもに家族が手をさしのべ、しっかり関係性のなかに抱き込むはたらきかけをする」ために、プレイルームで関わりながら観察し、観察を関わりに活かしてゆくアプローチを編み出しました。私はいわゆる発達障碍とよばれる、発達の課題を抱えた子どもたちに対しては、子どものプレイセラピーと親面接とを濃厚に連動させながら、子どもの問題行動や症状の改善のみならず、子ども自身の自分との関係性や社会との関係性を育てる心理療法を模索しています。彼らの呈している問題を、ただ「今ここでの適応（だけ）をめざすのではなく、彼らの発達の特異な発達障碍の実態に目を注いで、調和のとれた発達を援助」することで、「彼らが自分の人生を主体的に生きることができるように援助すること」（共に山上一九九七）こそ、発達的な課題を抱えた子どもたちに必要な援助であると私も考えています。その具体例は第4章に詳述しますが、面接室内でのセラピストとの関係性を核としつつ、家庭という日常場面をフルに活用してゆくセラピーが、発達的な課題を抱えた子どもとその家族には必要かつ有用です。このような枠を広げたセラピーも、プレイセラピーのこれからのひとつのスタイルであると考えます。

このようにプレイセラピーは当初、子どものための心理療法としてうぶ声をあげ、世界各国でそれぞれに発展してきました。その発展の過程で、子どもだけではなく、コミュニケーションの困難さを抱えていたり、知的障碍をもち、ことばの表出が困難な人々に対しても、遊ぶという関わりが有用であることがわかってきました。遊ぶという関わりのなかに自分の問題を表出し、相手に伝えて読みとってもらうことを通して問題を解決し、自分らしさを育ててゆくことができるのです。こうして、子どもの心理療法として出発したプレイセラピーは、子どもを中心におきながらも、その適応範囲を広げ、現在もなお、対象を拡大しつつあるのです。

これまで一般に、心理療法においてはことばのセラピーが中心で、後述するように、プレイセラピーは枝葉の部分として捉えられてきました。しかしよく考えてみると、私たちは誕生後、一年ほどはことばをもたない世界にいながらも他者と豊かなコミュニケーションを交わし、やがてことばの世界に移ってゆきます（第2章に詳述）。そう考えると、実はことばにあまり頼らないコミュニケーションを用いるプレイセラピーのほうが、セラピーの根幹ではないかとさえ、私は考えたりしています。

さて、アメリカでプレイセラピーのバイブルとも称されているという、ランドレスの『プレイセラピー』（二〇〇七）は、その副題が「関係性の営み」とあるように、セラピストとの関係性を軸として、子どもが本来もっている前に進もうとする力を、いかに邪魔せず引き出そうとしているかというセラピーの様相が描き出されています。この本が私にとって最も魅力的であるのは、ランドレス自身がプレイセラピーで体験したり感じたことを、そっくりそのまま文字で綴ることなど到底できない、といいながらも、果敢にそれに挑戦しようとしている姿です。プレイセラピーをことばで人に伝えようとするとき、この『到底不可能・でもやるしかない』という葛藤を避けることはできません。

二〇一〇年には、イギリスとアメリカでの、それぞれの国で一般的に行われているプレイセラピーを著した書が翻訳（ウエスト二〇一〇、ジョルダーノら二〇一〇）されました。これらの翻訳書の役割は、わが国のプレイセラピーの初心者にとって、プレイについて理解する教科書として役立つもの、という意味も依然としてあるのでしょうが、それよりも、経験を積んだセラピストが読むことによって、自分が現在行っているプレイセラピーを振り返ったり、足りないものを補ったり、自分自身のセラピーについてより深く考えるために役立てる、という意味のほうが大きいのではないかと思います。というのも、わが国のプレイセラピーは、実際にはかなり成熟してきていて、すでに方法論を外国から輸入しなければならないような段階にはない、と私は理解しているからです。現在は、実際に数多く行われている良質のセラピーを、それぞれの心理臨床家が、どのように概念をあてはめて検討し、専門用語を駆使するのか、ではなく、それよりももっと、ふつうに自分のことばで捉え、その自分のことばで外側に対して発信してゆくか、という段階にある、と私は考えます。これができてはじめて、技法や技術が内側に潜み、あたたかな血のかよった援助が外からも見えてくるのではないでしょうか。それが心理療法の成熟ということではないかと考えます。私はそれぞれのセラピストが、どれだけ拙くても、自分のことばで自分のセラピーを描き出そうとすることが、結局はわが国のプレイセラピーの質をより高めることになると考えているのです。

今なお深い、「遊ぶ」ことをめぐる誤解

このようにプレイセラピーが、子どものセラピーとしてわが国のなかで浸透していく一方で、さまざまな課題もまた、明らかになってきました。東山（一九八二）は、プレイセラピーとプレイセラピストについての問題点として、越智（一九六三）による以下の指摘を引用しています。越智は、プレイセラピーはカウンセリングと同じ時期にわが国に取り入れられながら、それについて深めていくような動きや、セラピストの関わり方が変化していくような動きといったものがカウンセリングに比べると鈍いこと、さらに、プレイセラピーとは何なのかということが曖昧で、安易に何となく遊んでいればそれでよし、というような意識がセラピストにあること、を問題として指摘しています。東山は、

この越智による指摘の五年後の、一九六八年の臨床心理学会における『遊戯療法』のシンンポジウムでも、同じような問題が指摘されていたことを明らかにしたうえで、遊びの意味は、それ以降、追求されていったけれども、子どもの表現をセラピストが自分との関わりのなかで捉えていくことに関しては、まだまだであること、その背景としては、クライエントの成長過程は分析されている一方で、セラピストのそれがとりあげられていない点が関係しているのではないかと分析しています。

この東山の指摘から現在まで三〇年近くが経過し、プレイセラピーに関する知見は、確かに集積されてきています。しかし「何となく遊んでいればよい」と捉えられていたり、「セラピーのなかでも依然、マイナーな位置づけを与えられている」（弘中二〇〇五）、「（プレイセラピーは）新人向けという位置づけで、その奥深さが十分に理解されない傾向がある」（小川二〇一〇）というのは、残念ながら現在もあまり変わっていません。しかしそれは、子どもの心理療法をよく知らないセラピストたちの間にある誤解だけではありません。子どもの心理療法に携わっている専門家の間にすら、誤解があるようです。

そのひとつの例として、鵜飼（二〇一〇）の指摘があげられます。鵜飼は、精神分析の立場から、子どもの心理療法について描いていますが、そのなかで「子どもと楽しく遊ぶことがもっとも大切なことであり、そのためには、できる限り子どもの言動を『受容』することが第一に求められる態度である、あるいは、子どもの攻撃性などを最大限に発揮させて発散させることが大切である」というのが日本流の子どもの心理療法の概念であり、そこからいかに脱却していくかということが、わが国の子どもの心理療法における課題であると述べています。しかし、ここでいわれている『日本流の』というのは、少なくとも、私が知っているプレイセラピストたちの間で共有されているものとは全く違います。遊ぶのはいい、楽しいこともいい、発散できるのもいい、ということは、セラピーのなかに含まれている要素ではあります。しかし楽しく遊び、ただ子どものしていることを許容し、発散させればいい、というのは極めて低い次元のプレイセラピーでしかありません。そういうものも、一部ではまだ行われているであろうことは推測できることですが、遊戯療法学会や心理臨床学会での報告、およびそれぞれの機関紙に掲載されている事例研究をみても、全体としてそうではないことは明らかです。このようにプレイセラピーは、実際にそれに携わっていない心理臨床家からだけではなく、携わっている心理臨床家からも、まだまだ理解されているとは言いがたいのが、残念ながら現状です。

どこまで、何を「ことば」にするか?

遊ぶことと言語化することをめぐっては、従来からさまざまな考え方があります。「遊戯は言語化への補助手段である」(小倉一九九六)、「終結時にはおのずと言語にいたることが実際には多い」(村瀬一九九〇)、「遊戯そのものを重視して、必ずしもそれを言語化させることに留意する必要はない……つまり言語はこころの素地が整えばおのずからやってくるものである」(山中一九九五)。これら先達のメッセージが語っているエッセンスは、最初からやみくもにことばに置き換えずとも、体験というものは、その必要があれば、おのずからことばに凝縮されてゆくものであり、絶対ことばにさせてゆかなければ、セラピーとして完成しないということではないということだと思います。というのはもし、最終的にことばに集約させてゆくことだけがセラピーの目的であるならば、先にお話しした、ことばをもたない、もしくはことばが自由にならない、コミュニケーションのむずかしさのある人々の心理的問題の解決は、セラピーとしては完成せず、彼らの心理援助は中途半端なものにしかならない、ということになるからです。これは、どう考えてもおかしなことです。

いわゆる知的な障碍を抱え、ことばを扱うことに困難さを抱えた人々の心理治療も私はたくさん経験しています（田中二〇〇七）。彼らも自分の体験をことばで捉えたり、交わしたりしたいと願っています。そしてそのコミュニケーションの力は、生涯をかけて少しずつ育ってゆきます。しかし同時に、この障碍という、どうしても越えられない壁のなかで、彼らは彼らなりのペースで、ことばになる部分はことばにし、ならない部分はイメージや感覚のままで、それぞれに自分なりの理解のストーリーをつくってゆくことがわかります。その実際を彼らの傍らで見ていると、ことばにならなければ人間の認識としては完成しない、とするのは、ことばを有する者のおごりであると感じます。

鵜飼（二〇一〇）は、わが国のセラピストは、セラピーのなかで、子どもの気持ちをことばを用いて理解することを避けているところがあるのではないか、と述べています。子どものセラピーで、子どもがもっていることばの力を軽視しがちな傾向があるということは、私自身も感じます。その背後には、どうもプレイセラピーはプレイをしていればよく、ことばで共有する部分は親並行面接に任せておけばよい、というような思い違いがあるのではないかと私はひそかに思っています。とはいえ、何でもかんでもことばにするのは、ことばに先行するイメージの力を軽視するようで、それもまた違うだろうと思います。文脈はちょっと違うのですが、この問題を考えるにあたり、諸外国におけるプレイセラピーの手引き書で、特に翻訳を読んでいる時に感じる違和感が思いだされます。ジョルダーノら（二〇一〇）の、プレイセラピーにおける、基礎的な技法を教えるというテキスト（邦訳一三三頁）に、次のようなやりとりがあります。

――（子ども）がおもちゃの手錠を開けようとするものの、どうにも開かない。そこで子どもが「何でこれは開かないのか」とイライラした口調でいう――というところに、セラピストがどう応答すると適切か、の回答として、

「開かなくてイライラしてしまうのに、いろいろとやり方を変えて、開け方を見つけようとがんばっているのね。」（第一の応答）。

これに続けて子どもが、「これくらいすぐに分かるわ。ほら、（手錠が）開いた」と言ったことを受けて、セラピストの適切な対応として、

「がんばった甲斐があって嬉しいね。」（第二の応答）

とするのが正しい、というセッションがあります。このやりとりは、まだまだ続いてゆきます。

セラピストの第一の応答について、著者は、これは子どもが頑張っていることへの努力や忍耐を承認する自尊心を形成するためのものであるとし、第二の応答は、その子が手錠を開けることができたという嬉しい気持ちを承認するためのものである、と説明しています。この対応の背後にある理解に関しては、私は全面的に賛成です。でも正直なところ、本気でこのように微に入り細に入り言われた

ら、私が子どもだったらうるさすぎて、「黙ってよ」というか、耳をふさいでしまうでしょう。私がセラピストであれば、第一の応答としては、「ウーン、なかなか手ごわい」とだけ言い、第二の応答では「よかった、よかった」という、ひとことで抑える対応をとるだろうと思います。この第一のフレーズのなかに、なかなか手ごわい相手に果敢に挑戦している子どもへの賞賛は、含められていると考えるからです。

翻訳書であるがゆえに、ひとつひとつのことばをていねいに訳し、ざっくりとはくくれないということはあるかもしれません。しかし、ここで私が感じた問題は、そのせいだけではなく、別の要因も関係しているように思います。多民族が集まってつくられている国では、お互いの間でみながあたりまえのように共有している、前提となるような合意とか理解といったものがありません。そのために、ことさらにひとつひとつ言語化し、平和に共存してゆくことができるような共通理解という土台を作らなければなりません。欧米で何でもかんでもマニュアルが作成されるのは、そのためです。「言うからはじめて共有できる」ようになるのです。私がアメリカに留学していた時、子どもを叱る時、親が小さな子どもに、いちいちなぜ、それはダメなのか、ということを冷静にではありますが、強迫的にといってよいほどくり返し、言語化して論理的に教えこんでいる光景をしばしば目にしました。わが子に対してさえ、これほどまでにことばで説明することが、ことさらに重要な意味と意義をもっている文化だと、あらためて強く感じたものです。それに対してわが国は、いくら多様であるからといって、基本が単一民族であるので、すでに薄まっていたり、漠然としているかもしれませんが、それなりに自分たちの中に内在化されている、日本人として共有しているものがあるのだろうと思います。

くどくどとことばに置き換えるよりも、むしろフィーリングでそのまま捉え、雰囲気で支えたり、理解したり、味わうことに価値を置いている国でもあります。これまでは感覚で捉えることが、ことばで捉えることと比べて価値の低いものとしてしか扱われてこなかったのが、わが国だったと言ってもよいでしょう。海外の学会に行っても、日本人のことば以前の感覚的なものを受けとる力、感受性の豊かさや鋭さは、抜群のものがあると感じます。ですからもし、翻訳書で応答を学ぶとしたら、それをそっくりそのままコピーして使おうとすれば、マンガチックで使えないものになるでしょう。基本の考えは学びつつ、実際の応答は自分なりにかみ砕いて作るのがよいのです。そしてもちろん、私はただ感覚的に共有すればいい、と考えているわけではありません。お互いがどのような感覚を抱いているかは、ことばにすることで確かに、そして明らかになるのです。「言わなくてもこころとこころ」「以心伝心」というのは、気持ちはわかりますが危険です。そしてもっと大事なことは、「ことばで捉えたものは、それを壊すことも変えることもできる」ということで、このことを私は神田橋條治先生から学びました。そのために「ここは」、というところは、自分の感覚をことばに置き換えて相手に伝えようとしてゆくのです。暗々裏にわかりあえている（ように思っている）ものを、決めどころはしっかりとことばでも共有していこうとする、ということは、自分が何をしているかを、セラピストがより自覚的に捉えることにもつながります。

セラピストは子どもに直接関わるか、関わらないか？

八歳のゆりちゃんがはじめてセラピーに来た時、プレイルームに入り、そこにあった箱庭を見た途端そこに突進しました。そしてわき目もふらずにぎっしりと、やみくもに棚の中にあったすべての家と木を片っ端から一気に並べてゆきました。あまりに隙間なくうめるので、上から砂が見えないほどです。見ていて私は何とも息苦しく、やりきれない気持ちになりました。そして、「この子は、家でこんな風な毎日なんだろう。息ができないほどに苦しいんだろうか？　きっとそうなんだろうなあ」とこころの中で感じました。私はこの時、自分の思いをことばで伝えるかどうか、迷いました。でもこの時の私は、これをことばで言うのは、会ったばかりでまだよく知らない彼女に対して、早すぎる気がしました。その時、私の頭の中にいろいろなことばがよぎりましたが、なかでも『やすわかり』ということばが重く響いていました。ここで何かを言って『わかった気』になったら、彼女はそれ以上、自分のこころの動きを出しにくくなるかもしれません。それはしたくないと思いました。私はまだまだ、彼女はここに、自分の内奥の苦しみを、たくさん出し、私に見せる必要があるのではないかと考えました。でも何も現さないと、自分が何も感じていないようで、彼女に対して、それはそれで残念です。そこでこの時「ウーン……」と苦しいため息を、真剣な表情で小さく漏らしました。もちろんこれは、作戦でしたというよりも、思わずとった行動です。この行動の中に私は「きっとあなたは大変な状況にいるのね、苦しいのね。そしてそのなかで何とか頑張っているのね」という私の気持ちを、ことばと表情で、たくさん送り込もうとしたのです。

ちなみに彼女の家庭は当時、両親が不仲で喧嘩の絶えない状況で、昼間は彼女は何も問題なく、いわば優等生をしているのですが、ここのところ、激しい夜驚が出るようになっていました。私はこの時、まずゆりちゃんと二〇分ほど会い、次にお母さんに会って話を聞き、最後にふたたびゆりちゃんと話をしました。そこで彼女に「ちょっとお話していいですか？」と断ったうえで、「ゆりちゃん、先生はゆりちゃんが、夜中に叫んだりしているってお母さんから聞いたの。覚えている？」（に黙って下を向いています）。

「大事なお話だから、続けさせてね」（にはうなずきます）。

「もし、自分でもよくわからないことが夜起こっているとしたら、不安じゃないかなあって先生思ったの。何より、先生はお母さんから、おうちの中がごたごたしていて、でもそのなかでゆりちゃんが、毎日頑張っているっていうことを聞いています。頑張りすぎたら、くたびれちゃうだろうなあって思ったの。お母さんとお父さんが、どうなっていくかはわからないけれども、ゆりちゃんもここに来て、こころの栄養補給をしてゆかない？」と言ったところ、こくりと首を縦にふってくれました。

次の時も彼女は、今度は箱庭には振り向きもせず、りかちゃんハウスをとりだし、家具をぎっしりつめこみました。この時も前回の箱庭と同様、『いっぱいいっぱい』という感覚が私のなかにわきおこりましたが、同時に別の感覚ももちました。彼女は確かにぎっしりつめこんでいるのですが、今回はベットや椅子、箪笥やドレッサーなどを、それなりに整理して、うまく置こうとしてゆきます。それを見て私は、ただいっぱいいっぱいでつぶれそうな自分を見せようとしているだけではなく、それを何とか解決していきたい、その気持ちを私はもっているの、だから先生手伝って、という積極的なメッセージをも感じました。同時に私は、二回目で、すでにこのように動いていることから、彼女のなかの、健康な力を強く感じました。この時の私は、ほとんど動かなかった前回に比べて、彼女を邪魔しないように横にいながら、あるとよいのではないかと思う玩具を、そっとそばに置いておくようにしてみました。と、三回目には、りかちゃんハウスのなかの家具は、前回よりも互いの間に隙間ができ、ちょっと空間がみえるようになりました。回を重ねるごとに、その整理が進み、最初はどこが誰の部屋だかわからない状態だったのが、両親の部屋と自分の部屋を分けることができるまでになりました。

結局、両親は別居することになったのですが、それを告知された時、彼女は、自分は本当は親が別々になるのは嫌だけれども、一緒にいて喧嘩ばかりしているのも、みんなにとってよくない、だから仕方ないだろう。でも私は本当は嫌なのだということは伝えたい、と両親に対して語りました。両親はあまりにしっかりと、自分の意見と気持ちをいう彼女に驚いたと後で私に語っていました。最初は夜驚という、自分の意識とは離れた症状でしか自分の気持ちを表すことができなかった彼女は、セラピーのなかでいろいろな区分けや区切りをしてゆき、セラピーの場では何も積極的には語らなかったし、私もあえて尋ねることはしなかったけれども、その一方で自分の家（うち）のなかで、どんどん自分の気持ちをことばにするようになりました。彼女がセラピーのなかで行った区切る、整理するという作業が、自分のなかにあった、もやもやとした、そして自分が認めたくなかった彼女の複雑な気持ちを、整理し明確にさせてゆくことを助けたのだと思います。私はもし、家でこのような変化が起こっていかないようであれば、セラピーのなかでもっと積極的にことばを出してもらえるように工夫しただろうと思います。セラピーで何をするか、何を言うか、何を今は控えるか、ということはこのように、臨機応変に行っていくものです。彼女の症状は、数回のうちに消失しました。

プレイセラピーにおいて、セラピストがどう関わるかをめぐっては、従来よりさまざまな意見があり、セラピストは受け身的に存在して、子どもの遊びに関わるべきではないという主張も、かつてあったということです。森（二〇〇五）は、子どもの心理療法においては「プレイによる表現が豊かに発揮されるような素地を、その子どもとの間にどのように創りだしていけるかがテーマであり……子どものプレイが安全な空間の中で展開していけるように、セラピストがその場を物理的にも心理的にも守ることから始まる」と述べ、子どもがゆったりと自由に動かせる『自分の居場所』のようなものをつくれるように、セラピストはほとんど椅子から立ち上がらず、ゆったりと身をまかせられる椅子を準備し、関わっている自閉症の事例を詳細に描いています。ランドレス（二〇〇七）は、セラピストは椅子に座り、自分の鼻の先から爪先まで、すべてが子どもに向いているという物理的・心理的構えをもつことによって、はじめて、子どもの活動に関わり、その一部となりえるとしています。一方、ウエスト（二〇一〇）の事例を読むと、セラピストがクライエントとの関係のなかで、自然に遊びに参加したり、箱庭が用いられたりボードゲームなども柔軟にとりいれていることがわかります。

私自身は常に、子どもに対して全身の神経を集中させ、必ず子どもが自分の視野に入るようにし、子どもに侵入的にならない『適度な距離』を自分でその都度模索しながら、子どもができるだけ自由に自分を表出することができる時空間をつくろうとこころがけています。ですので基本的には、積極的に関わるほうではありません。でも、プラレールやレゴをしている時には、じっと見守り、もしも欲しそうなレールやレゴがあれば、そっと横においてみたり、その場で不自然にならないように動くこともあります。パンチキックを連打する場面には、私はボクシングの審判の役をとって、本人が打つのを実況中継することもありますし、チャンバラの相手を求められたり、お家ごっこでごはんをつくるように要請されれば、相手をしたり料理をつくったりもします。自然な流れのなかで、したりしなかったりを、その都度考え、選んでゆきます。

プレイセラピーにおいて、セラピストが何よりもしなければならないのは、一緒の空間にいて、観察を怠らず、相手を理解しようとあたまとこころをフル回転させながらそこに居続け、関わることでしょう。関わりには内的関わりと外的関わりがあり、外的関わりがないからといって、関わっていないとはいえません。ただ、積極的に関わらず、受け身的に見ている姿勢をとっていても、何の意味も読みとらず、感じたり受け止めることができなければ、そのセラピストは何もしていないことになりますし、意味を読みとることなく、ただ一緒に遊んでいても、その関わりはセラピーとは呼べません。相手のことがよくわからないから、自分自身が安心するためにセラピストが動いてしまったり、クライエントを動かそうとすることはしばしばあり、セラピストは常に、このことはよく考えなければなりません。つまりプレイルームでは、セラピストとして動けばよいとか、動くべきではない、ということが問題なのではなく、相手が示している意図や意味を読みとろうとしたうえで、関わる時には、自分なりにもっとも自然で無理のない、あるいは無理の少ない動き方をするのがベストである、という表現が、もっとも適切なのではないかと思います。

そしてそのためには、相手のメッセージを適切に読みとる能力を向上させてゆくことと、セラピストとしての自己理解を深めることが、常に不可欠です。精神科医として五〇年近く子ども臨床に携わっている村田（二〇〇九）の本からは、長年の経験の重さと厚みがずっしりと伝わってきます。が、それだけでなく、今でも臨床家としてひとつのケースに対して迷ったり反省したり、悩んでいる、セラピストとしての柔らかい姿が描かれており、それが何より後続の私たちに臨床家としてのあるべき指針を示しています。つまり自分とクライエントとの関わりのなかで何をことばで表現するか、どういうところは、ことばにおきかえないでいくか、ということを悩みながら『ことばにする・ことばにしない』『ここは動く・動かない』という両者の間で常にしっかりと迷い、揺れながらバランスをとって関わってゆく柔軟なセンスで対応する自由さをもっていることが、個々のセラピストに求められていると思います。そして自分がもっとも無理なく、自分らしく関わることができる理論や技法を、深く学んでゆくとよいのだと思います。子どもの多様さや多岐にわたる相談内容に対応するには、セラピストに幅の広さと、これでいいと開き直らず、迷える自由をもちつつも自分でいられるやわらかな感性、そして想像力の豊かさが望まれるのだろうと思います。

わが国のプレイセラピーの抱える課題

以上をふまえて、現代のわが国のプレイセラピーに関して、私は大きく、次の四つの課題があると考えています。

(1) プレイセラピーの実際をことばで理解すること

一つは、プレイセラピーの実際を他者との間で分かち合っていくことに関することです。これまで描いてきたように、プレイセラピーについての概念は、わが国のなかでも一応は共有され、知的に理解されてはいると思う一方で、「ああ、そうそう、そうなのよ」と、いわば腑に落ちるような感じで、『わかる』ところまでには、到底至っていないように思います。河合（二〇〇二）は、カウンセリングに関する書物に比して、遊戯療法の書物が少ない理由として、『遊び』ということがなかなか言語化しにくいという点と、プレイセラピーに携わっている人たちが、忙しくて筆をもつ時がないということが要因ではないかと述べています。確かにプレイセラピーがうまいセラピストは、事態をそっくりそのまま、まるごと感覚的にざっくり捉えるセンスが高い人が多いので、子どもとのやりとりを、わざわざことばに置き換えて理解しようとはしないでしょう。感性で捉えたものをことばに置き換えるということは、情報を狭めるということに他ならないのですから。

これは人間のタイプの問題であり、どちらが優れているということではありません。私自身も含めて、ことばに置き換えることが下手な人がプレイセラピストに多い、ということでもあるのでしょう。しかしもしこのことが、わが国のプレイセラピーの現状を、人々になかなか理解してもらえず、伝わることを妨げている大きな要因であるとしたら、それはとても残念なことです。そして、そうであるなら、私たちプレイセラピーに携わる個々人がもっとこのことを自覚し、必要なところは意識的にことばに置き換え、伝わる形にしていかないと、いつまでもこの状況が続くことになるのです。先のランドレスのように、私たちもまた、ことばで説明することの困難さに果敢に挑戦してゆきたいものだと思います。これは私自身の課題でもあり、第２章でプレイセラピーについて、今の自分にできる、精一杯の説明を試みました。

(2) 事例研究を充実させること

二つ目の課題は、プレイの流れをどのように読みとり、理解してゆくかということを、具体的、かつ詳細に手びきするものが少ないということです。ここで参考になるのはもちろん、事例研究です。箱庭療法の理解も役立ちます。しかし多くの場合、事例の描き方は、クライエントがどうセラピーのなかで行動したか、という子どもの動きとその変容が記され、最後に考察としてセラピストがそのセラピーのなかで読みとったものが描かれる、という手法が一般的です。その手法ですと大まかなセラピー自体の流れを把握することはできますが、具体的に、一つひとつの子どもの行動やこころの動きをセラピストがどう理解したか、すなわちその理解の仕方、読み方のコツを盗むためには十分な記載ではありません。セラピーはクライエントが何をし、もしくは何をしようとし、それをセラピストがどう読み、どう対応したか、さらにそのセラピストのその反応を受けてクライエントがどうしたか、という、見たり聞いたり、肌で感じたり、嗅いだり、という、いわば五感で受けとる無数の刺激と反応のつらなりで成り立っています。プレイセラピーで相手を観察することで意図を読みとろうとする、ということは、このつらなりの一つひとつを、どう自分なりに受けとり、理解し把握するかということなのです。

とはいうものの、それは一対一対応で、こういう言い方にはこういう応答、というようなマニュアルがあれば済む、というような単純なことでもありません。理由は、その時々の状況に応じて、同じ刺激でも読み方が違うからです。さらには、セラピストもクライエントもその双方に、自分なりの読みとり方や受けとり方があり、可能性は常に複数あるのです。そのような事態に対して、私たちセラピストは、もともともっている自分の把握の仕方を駆使しつつ、さらにそれをより磨くためにさまざまなコツを盗み、セラピストとしての腕をあげることが求められているのですが、その肝心の盗むためのコツやヒントが、なかなかありません。そこで私は第3章で、私自身がケースをどのように読みとり、それに対してどのように対応しているかという意味の読みとりを、初回面接をとりあげて、詳細に描き出してみました。もちろんそれは、私個人の理解の仕方でしかありません。しかし実際に参照する手びきがあるから、これはそうだとかこれは違う、ということや、自分の読み方と比べて検討することができるようになるのです。これは私が以前、『心理臨床への手びき』(田中二〇〇二)で、心理臨床を学びはじめた初学者たちが抱く、心理臨床の実務と理論の間の断層を補うために小さな階段をつくってみようと試みた、その工夫と同じものです。

(3) セラピストのオリジナリティ

三つ目の課題は、プレイセラピーのなかでのセラピストの工夫に関することです。もちろんセラピーには、いわゆるきまりや定石といったものがあり、それは基本的には守るとよいとされていることです。しかしセラピーのなかでは、実際にはたくさんの『例外』があるはずです。というよりも、もし、例外がなかったら、セラピーにはなり得ないものが、たくさんあるはずだからです。

私は常に、プレイセラピーの時には、一応のきまりも定石もわかったうえで、頭を空っぽにして臨みます。そして、『今、ここでこの子どもにするとよいこと』だけを考え、それを最大限しようと心がけています。子どもが突飛なことをしてきた時、セラピストに求められるのは、一つは常識であり、一つは常識からはずれる自分自身の突飛さ、つまり自由さだと思います。そういう工夫と冒険がなければ、セラピーは死んだ関わりでしかありません。でも、そういう突飛で、はずれたことは、多くの場合よくないこととして片づけられてしまうために、人々はしていても表に出すことは控えるのでしょう。私はそのこともまた、プレイセラピーの発展を妨げている大きな要因だと考えています。そこで私自身が行った突飛な工夫の幾つかを、第4章で実際のケースから描いてみました。セラピーは生きた関わりであり、いのちの通ったやりとりです。教科書通りにしているだけでは、相手とうまくつながってゆくことができない場合というのは、幾らでもあるのです。

(4) 発達障碍へのプレイセラピー

最後に第4章の後半で、発達の片寄り、いわゆる発達障碍といわれている課題を抱えている子どもと家族に、どのように関わってゆくか、という私のセラピーの実際を描いてみました。わが国で発達障碍といわれる問題が注目されてきた背景に、個々の子どもの抱えている発達の課題を詳細に見る目が育ってきたことが関係していると私は考えています。つまり、個々のケースごとに、これまであまり重視されてこなかった、子どもの発達的な傾向を捉える視点も含めて、その子どもの症状や問題を考えていくことが可能な時代になったのです。そしてそこにも私は、プレイセラピーはとても有効に機能していると考えています。

さて、心理療法とは、セラピストとクライエントがこころとこころをかわしながら、彼らのこころの世界を育ててゆき、主体的に、自分らしく生きる自分の土台をつくってゆくということに伴走する営みだと私は考えています。しかし最近の心理臨床は、こころと関わることを度外視して、行動の調整に走ってゆく傾向が顕著です。心理療法の効果という問題を前に、こういう関わりをしたら症状が除去された、効果があったというような、人を全体としてみる視点を失い、介入と称するものの影響を、単純に因果でくることに、人々の関心が集中している今日です。

しかし特に発達的に大きな課題を抱えた子どものセラピーでは、『今、ここでの適応』だけに対処するのではなく、より長期的なその子どもの人生全体を捉え、対応を考えることが不可欠です。つまり『今』という点と、『線』もしくは『面』という両方の視点が必要だということなのです。しかしこのような長期的な視野も含めて人の発達を考え、セラピーを行うという発想は、わが国のセラピストには欠如しているように思います。それは、これまでの心理臨床では情緒的な問題は扱っても、発達的な課題は扱わず、その分野は主に療育に任せてきたことが影響していると思います。しかしこれからの子どものセラピーにおいては、発達的な課題を含めた情緒的な問題が増えてくることが予測されます。個々の子どもの人生全体を捉えたうえで、今、生じている問題にどのように対応してゆくかという発想は、今後とても重要になってくると思います。

〔参考・引用文献〕

安島智子『遊戯療法と子どもの「こころの世界」』金子書房、二〇一〇年
M・ジョルダーノ、G・ランドレス、L・ジョーンズ著（葛生聡訳）『プレイセラピー実践の手引き―治療関係を形成する基礎的技法』iii―iv頁、誠信書房、二〇一〇年
東山紘久『遊戯療法の世界―子どもの内的世界を読む』創元社、一九八二年
弘中正美、濱口佳和、宮下一博編著『子どもの心理臨床―子どもの心を知る』北樹出版、一九九九年
弘中正美『遊戯療法と子どもの心的世界』金剛出版、二〇〇二年
弘中正美「総論・遊戯療法とその豊かな可能性について」（河合隼雄、山王教育研究所編著）『遊戯療法の実際』一―二一頁、誠信書房、二〇〇五年
河合隼雄「子どもと心理療法」『季刊精神療法（特集・子どもの精神療法）』一七巻二号、一―六頁、一九九一年
河合隼雄「序文」（弘中正美著）『遊戯療法と子どもの心的世界』三頁、金剛出版、二〇〇二年
ゲリー・L・ランドレス（山中康裕監訳、角野善宏・勅使川原学・國松典子訳者代表）『プレイセラピー―関係性の営み』日本評論社、二〇〇七年
森さち子『症例でたどる子どもの心理療法』金剛出版、二〇〇五年
村瀬嘉代子「プレイセラピストに求められるもの」『季刊精神療法（特集・子どもの精神療法）』一七巻二号、一二三―一二九頁、一九九一年
村瀬嘉代子「子どもの心理臨床の今日的課題」『臨床心理学大系20（子どもの心理臨床）』二―一四頁、金子書房、二〇〇〇年
村瀬嘉代子「序文」M・ジョルダーノ、G・ランドレス、L・ジョーンズ著（葛生聡訳）『プレイセラピー実

践の手引き―治療関係を形成する基礎的技法』iii―iv頁、誠信書房、二〇一〇年
村田豊久『子ども臨床へのまなざし』日本評論社、二〇〇九年
永井撤『子どもの心理臨床入門』金子書房、二〇〇五年
越智浩二郎「プレイ・セラピストについてのひとつの問題」『臨床心理』二巻三号、一六一―一六九頁、一九六三年
小川裕美子「刊行に寄せて」ゲリー・L・ランドレス（山中康裕監訳、角野善宏、勅使川原学、國松典子訳者代表）『プレイセラピー―関係性の営み』ix―x頁、日本評論社、二〇〇七年
小倉清「遊戯療法」『児童精神医学とその近接領域』七巻三号、一七二―一八五頁、一九六六年
小倉清「プレイ・セラピィの基本的な考え方」（山崎晃資編）『プレイ・セラピィ』四三―六九頁、金剛出版、一九九五年
田中千穂子『母と子のこころの相談室』医学書院、一九九三年
田中千穂子『乳幼児心理臨床の世界』山王出版、一九九七年
田中千穂子「『乳幼児・親心理療法』の一例―家族関係の変容を導くために」『心理臨床学研究』一五巻五号、四四九―四六〇頁、一九九七年
田中千穂子『心理臨床への手びき―初心者の問いに答える』東京大学出版会、二〇〇二年
田中千穂子『障碍の児のこころ―関係性のなかでの育ち』ユビキタスタジオ、二〇〇七年
田中千穂子『母と子のこころの相談室（改訂新版）』山王出版、二〇〇九年
鵜飼奈津子『子どもの精神分析的心理療法の基本』誠信書房、二〇一〇年
山中康裕『少年期の心』中公新書、一九七八年
山中康裕「『症状』の象徴的な意味について」（河合隼雄編）『子どもと生きる』四三～六一頁、創元社、一九八七年

山中康裕「箱庭療法とプレイセラピィ」（山崎晃資編）『プレイ・セラピィ』二三九―二六六頁、金剛出版、一九九五年
山中康裕『こころに添う―セラピスト原論』金剛出版、二〇〇〇年
山崎晃資「まえがき」（山崎晃資編）『プレイ・セラピィ』三―一〇頁、金剛出版、一九九五年
山崎晃資「子どもの『遊び』とプレイ・セラピィ」（山崎晃資編）『プレイ・セラピィ』一七―四二頁、金剛出版、一九九五年
吉田弘道、伊藤研一『遊戯療法』サイエンス社、一九九七年
山上雅子『物語を生きる子どもたち』創元社、一九九七年
渡辺久子『母子臨床と世代間伝達』金剛出版、二〇〇〇年
ジャネット・ウエスト（倉光修監訳、串崎真志、串崎幸代訳）『子ども中心プレイセラピー』創元社、二〇一〇年

第2章　ことばを用いた対話・あそびことばを用いた対話

プレイセラピーの豊かな世界

プレイセラピーとは何かということを、体験から遠い知的理解をしているこころの専門家に、「ああ、なるほど」と自分に少しでもひきつけて理解してもらえるために、どういうことばでどのように解説したらよいかということは、私の長年の課題でした。今でもまだ、十分ではありません。しかしとりあえず、理論的な枠組みは最小限にして、自分の体験しているプレイセラピーの豊かな世界を、自分のことばで表してみました。

セラピー――ことばを用いた対話

私たちは自分で考えたり、感じたことを誰かに伝える時には通常、ことばを用います。「私はいま、○○という問題を抱えているのでつらいんです」「先生に○○と言われたことが嫌でした」というように、ことばで伝えてもらえると、相手の心理状態が明確に伝わります。そうすると「ああ、それはどれほどつらかったことでしょう」「私の理解が足りませんでした」など、相手の気持ちを含めたこちら側のことばを、相手に返すことができます。このように、ことばをやりとりの道具として用いて、クライエントの抱えている問題を解決していこうとするいとなみが、対話心理療法といわれるセラピーです。

ことばの多義性がゆえのむずかしさ

しかし実際には、ことばを受けとる、ということは簡単なことではありません。理由は、ことばは多層で多重で、複雑なものだからです。たとえば「……なので苦しいんです」とクライエントが語ったとします。表面的にこれを捉えるならば、「ああ、……のことで、この人は苦しいんだ」となります。しかしこのことばを語る時、相手がもし、がっくりと肩を落とし、絶望的なまなざしで語ったら、セラピストは、その人がつぶされてしまいそうなほど苦しいのではないかと痛切に感じるかもしれません。もしも、吐き捨てるように語ったなら、その状況に対して、クライエントは吐き出したいほどの大きな憤りを感じているのかもしれない、と受けとれます。あるいは、にやにやしながら語っていたら、実際にはさほど深刻ではないのかも、と感じるかもしれませんし、その笑いには、絶望的な状況に対する自嘲的な思いが表出されている、と捉えるかもしれません。静かに語りつつ、穏やかな、諦めともとれるような笑みを浮かべていたら、セラピストはクライエントが自分に背負わされた、この苦しさや絶望を、何とか受けとめようと覚悟している姿、と読みとるかもしれません。ただあっさり、さらりと言ってのけられたら、セラピストはどう考えたらよいのか手がかりがつかめず、困ってしまうことでしょう。

もっとわかりやすい例で言うと、「……だから大丈夫です」と穏やかに落ち着いて言われた時と、立ち上がり、拳を握って、憤りでギラギラしながら居丈高に言われた時とでは、受けとる側の受けとり方は全然違ってくるでしょう。通常、穏やかに言われたら本当に大丈夫なのだろうと捉えるでしょうし、居丈高にいわれたら、きっと全然大丈夫じゃないんだ、と反対のメッセージとして受けとるでしょう。さらに、うるさそうに言われたら余計なお世話よ、という雰囲気が強くなります。このように、ひとつのことばが、ことばの周辺に漂っている雰囲気を含めて捉えていくと、正反対の意味にすらなるというようなことは、いくらでもあるわけです。ですから、ことばによる面接をする場合には、私たちセラピストはことばを発している、その人のもつ雰囲気、すなわち態度や仕種、表情などを含めたからだ全体が、硬いかやわらかいか、のびやかか緊張しているか、ゆとりがあるかないか、安定的かそうではないか、威圧的かやさしい感じか、といったことばにならない情報もを含め、ことばの奥に込められているその人の意図や気持ちを受けとめてゆかなければ、相手の思いを受けとることはできません。あたり前のことなのですが、字づらだけを追いかけても、ことばを受けとめたことにはならないのです。

感覚を手がかりに「ことば」にしてゆく

通常、私たちが何かについて議論をするという場合には、自分の言いたいことを、ある方向性をもって明確に打ち出します。同様に、講演会で講演をする場合にも、与えられたテーマに添って言いたいことを明確にことばにして伝えようとするでしょう。そうでなければ、聞く側は相手の言いたいことがわかりません。ですから、このような場合には、表出されたことばをそのまま受けとるので、中身を理解しやすいのです。それに対して、心理相談に訪れるクライエントの場合には、自分の言いたいことが、それを表現する適切なことばにまで届いていないことのほうが多いのです。言いたいことは胸の中にある、けれども、それはまだ、漠然とした感覚的なものでしかない……。だから、フィットしたことばにならないのです。基本的には、こういう苦悩を抱えたクライエントが多いのです。こころの問題は論理的には語れません。心理的な苦悩や課題というもの自体、意識的には捉えにくいものなのです。ですから、そのセラピストのなかにわきおこった感覚や違和感、あいまいなフィーリングといったものを最大限大切にしながら、それらをていねいに自分のなかでことばに置き換えてゆくことを通して、相手が何を言いたいのかを理解し、それを相手と分かち合って問題の解決をめざしてしてゆくことが、私たち心理臨床家の重要な役割です。

私たちはその内容がどのようなものであれ、ことばできちんと捉えることができると、知的に理解することができるようになります。さらには、他者ともその理解を分かち合い、より考えを深めてゆくこともできます。人は自分のこころの中に抱えている問題を、どう解決したらよいかがわからないから、相談に訪れるのです。ただこれは、全部がわかっていないということではありません。ある部分はわかっていて、ある部分はわかっていない、あるいはある部分はある程度わかっているけれども、肝心なところは見えていない……というような、まだらわかりの状態で、どこがわかっていない部分なのかも、わかっていたり、わかっていなかったり、なのです。そう考えていくと、『ことばにする』『ことばになる』ということは、自分が自分を摑み、自分が自分に届いてゆくために、とても重要な作業であることがわかってきます。先に示したような、ことばとことば以外の情報を集めて多層的に聴く、ということは、セラピストにとって一生続く訓練の過程です。人のこころの苦しみや悩みを語るには、論理的で整合性のあることばは似合いません。あいまいで、やわらかく、どこかこころもとないことばのほうが合うのです。「コトバは五感で捉えたイメージを運ぶもの」「コトバはイメージを運ぶ荷車である」と神田橋（一九九七）は語っています。セラピストにはイメージをふくらませる能力、すなわち、想像力をはたらかせて聞く能力が不可欠なのです。

プレイセラピー――ことばだけに頼らない対話

一方、子どものセラピーでは、中心にくるのはことばではありません。ことばよりも、むしろお互いの行為そのものが中心にきます。プレイセラピーがことばを中心に据えない理由として、これまで通常、「子どもはことばを（まだ）もっていないから、（あるいは）うまくことばで自分のことを表現することができないから、遊ぶことで関わる」という説明が多くなされています。子どものセラピーにおいて、遊びを通して子どもの内的世界を理解し、対応していこうとしているのは確かですが、この説明のために、子どもに対してはことばを使うことができないから、『仕方なく』遊ぶという手段をとらざるを得ない、というような、大きな誤解を招いているように私は感じています。

対応するチャンネルが増える

この発想の源には、私たちはことばを用いてはじめて他者とコミュニケーションできるのであって、ことばを用いないとコミュニケーションがとれない、という思い違いがあるのです。私たちは実際には、ことばをもたないで生まれ、やがてことばをもつようになるのですが、ことばをもつまでの間、誰ともコミュニケーションをしていない、わけではありません。はなしことばとは別のチャンネルで、豊かな対話をしています。そしてそのことを、私たちはおとなになるのとひきかえに、忘れてしまっていくのです。「コミュニケーションの基盤にあるのはノンバーバルなものである。関わりの幹はノンバーバルな水準であり、コトバは枝葉の部分である」とは神田橋（一九九六、一九九七）のことばです。

初心者がはじめて関わるセラピーはプレイセラピーがよい、と考える心理臨床家たちが多いのですが、この判断には、ことばで語る世界のほうがむずかしく、ことばにあまり頼らないプレイセラピーのほうが簡単だから、という勘違いが関係していると思います。ことばで対話する場合には、あたまとことばを使いながら対応しますが、プレイセラピーでは、関わりながら自分のあたまで相手の考えていることや気持ちを摑み、それをことばにあらわすかどうかを常に考えながら、同時にからだも動かして対応してゆかなければなりません。ことばによる対話よりも、もうひとつ使うチャンネルが増えるのです。ですから簡単になるのではなく、もっとむずかしくなるのです。ですから、セラピーに不可欠の、相手のマルチな非言語の表出を受けとめるセンスを身につけるためには、初心者がプレイセラピーを体験するのは、とてもよいことなのです。

さて、ことばをもつようになる前に私たちがしているコミュニケーションは、実際にはことばを用いると消えてしまうものではなく、ことばの周囲に存在していて、そのことばをより的確に受けとるために、重要な機能を果たしています。この問題を考えていくために、次に、赤ちゃんの時代のやりとりをたどってみることにしましょう。

ダイアローグ（対話）のはじまり——人と人とをつなぐ情緒

オギャーと生まれ、病院から自宅のベビーベッドにやってきた赤ちゃん。よく眠っています。でも時々、口元をゆがめて「ウェーン」と泣いているような声をだしています。これはおそらく、お腹が空いたとか、おしめがぬれて気持ちが悪い、というような自分の内部に生じた緊張が、泣くという形で放出されているだけの、いわば生理的な反応です。でもこの時、お母さんは「この子は何を言いたいの？　ことばで言わないからわからない」と放り出してしまうことは少なく、赤ちゃんが自分に何かしらのことを訴えようとしているメッセージ、と受けとります。そして「ええ？　みーちゃん、どうしたの？」「オナカすいたの？」「淋しいの？」など何がしかの声をかけながら、おしめに手をあてたり、おっぱいを含ませたり、やさしく抱き上げたりするでしょう。

もちろん、生まれたばかりの赤ちゃんは、自分がどうして欲しくて、そういう行為をとっているのかを、自分でちゃんとわかっているわけではありません。先にもお話したように、そもそも親を呼んでいるのではなく、ただ内的な緊張の放出をしているだけ、なのです。でも親がその子どもの行為を、「親である自分に向けて発せられた、意味のこもったメッセージ」と受けとり、意味を読みとろうとして、自分なりに読みとった対応をすることで、赤ちゃんが気持ちよくなる、快適になる、ということが起こります。そうするとこのようなやりとりが母と子の間でくり返されるようになり、この円環的な過程を経てより積極的な意味をもったコミュニケーションになってゆくのです。ここで鍵になるのは、読みとろうとする他者がいることです。お母さんの赤ちゃんに対する思い入れは『錯覚』といってもよいものです。お母さんが、赤ちゃんが自分に向けて伝えようとしている、と捉えるから、それが赤ちゃんにとっても、意味ある行為に変わってゆくのです。

微笑反応も同様です。赤ちゃんの微笑は最初のうちは、漠然としたものでしかなく、特定の対象に対する意味あるものではありません。しかし、赤ちゃんの愛らしい微笑は、お母さんのこころを刺激して、「可愛いなあ」「愛らしいなあ」という気持ちを呼び起こします。そしてついつい、自分も赤ちゃんに対して微笑みを返します。この、お母さんからの微笑みのなかにやわらかい、やさしい良質の情緒を感じると、赤ちゃんも母親に対して微笑で応えるようになります。ここで微笑反応による対話という相互作用が、活性化するのです。この時、赤ちゃんにとっての一番効果的な刺激は、キラキラと輝く目を向けられ、顔の表情が豊かで顔そのものに動きがあり、かつ「いい子よ」というような肯定的なまなざしを含んだ微笑であるとスピッツは述べています(丹羽一九九三)。逆に、赤ちゃんがまったく微笑せず、親からの微笑にも何の応答もない場合には、互いの間にやわらかであたたかな情緒のやりとりが起こりません。対話が成立しないのです。ゆえにスピッツは、赤ちゃんの微笑反応は、赤ちゃんが社会的な関係性のなかに入ったことを意味する重要な指標である、と述べています。

さて、うまれて九ヵ月になったなるみくん。お昼寝から目ざめて機嫌がよさそうです。お母さんにハイチェアに移してもらい、イスに座ってキョロキョロとあたりを見回し、目の前の机の自分からはちょっと遠くにある、ひものついた赤い輪を見つめながら、手をむずむず、口をもごもごさせていま す。こういう仕種をみると、私たちは彼が「あれ、とりたい」「欲しいなあ」と思っていると捉えます。というのは、彼はまだ、自分で手を伸ばしてとろうとしたり、両手をあわせて「ちょうだい」をすることができません。だからその代わりに、手や口の動きで気持ちを表しているのです。そう理解したお母さんが、「ああ、そうそう、これ（赤い輪）が欲しいのねえ」とことばを添えながら、彼の視線をその赤い輪から離さないようにしつつ、その赤い輪を、彼が手をちょっと伸ばせば届くところまで移動させ、「とってごらん、きっとできるよ」と大きな笑顔で小さく囁いたとしましょう。このお母さんの行為をじーっとみていた彼は、やがてむずむずと両手を動かして、ひもをたぐり寄せながら、やがて見事に赤い輪を摑みとります。そのとき、彼は「アーアー」と声を出しながら「やった！」といわんばかりの得意気な顔。それを見たお母さんも嬉しくなって、「やったね！」「とれたね！」とことばを発しながら、喜びのガッツポーズ。

アーアーと叫ぶ彼とお母さんはこの時、同じ興奮と喜びという情緒を共有しています（これがスターンのいう情動調律 affect attunement〔スターン一九八九〕です）。お母さんがひものついた赤い輪を赤ちゃんの近くに寄せて、「きっとできるよ、やってみよう」と大きな笑顔で小さく囁いたのは、「誘う」という行為です。このお母さんの動作と表情、声とことばが束なってなるみくんに伝わり、やってみようという気持ちをひき起こさせたと考えられます。赤ちゃんがお母さんの声や表情に現れた情緒信号をよみとって、それを理解のために参照することは、マターナル・レファレンシング

(maternal referencing) と呼ばれています。このように赤ちゃんは、お母さんに笑ったり泣いたり、怒ったりという行為によって情緒信号を送り、親子の関係性の形成に主体的に関わってゆきます。一方お母さんは、赤ちゃんのこれらの情緒信号を敏感に読みとり、それに自分の情緒の波長を合わせ、その読みとったものを役立てて関わってゆきます。これが、情緒応答性 emotional availability (Emde & Sorce,1983) と呼ばれているもので、赤ちゃんは情緒応答性のある相手がいることによって、はじめて対人関係を開始し、それを維持し、あるいは停止させるという能力をもつことができるのです。そしてさらには、他者の痛みを理解し、苦しみや悲しみを分かち合い、慰め合う共感能力をもつことができるようになるといわれています。

このように、まだことばをもたない赤ちゃんは、微笑反応や泣く、怒る、笑う、驚く、当惑する、といった情緒的な信号を、表情や仕種で親や他者に対して送り、それに対して親やおとな、きょうだいたちが、同じような情緒的な信号を、「そうねえ、びっくりしちゃったのね」「あれ、悲しかったのねえ」など、ことばをも添えながら返してゆきます。このように私たち人間は、生誕後少なくとも一年間は、互いの声や表情、仕種などに現れる情緒を手がかりとして、それを読みとりながら豊かで活発なコミュニケーションをしているのです。ことばをまだ使うことができない赤ちゃんの世界では、情緒が他者とつながる重要なつなぎの役割を果たしているのです。

からだことばでのコミュニケーション

一歳をすぎ、理解することばと話すことばの両方が増えてゆくと、親と子の間のコミュニケーションは、情緒的な信号を交わし合う非言語の世界から、実際にことばを交わし合う言語の世界へと変わってゆきます。そしてはなしことばに移行する過程で、身をよじって嫌がる、キライなものに対しては、フンと首を横にねじってそっぽを向く、ちょうだいと両手を合わせて前に出し、両手を広げて抱っこして、など、気持ちを含んだ動作による対話が加わります。これがからだことばです。ことばには、理解言語（理解していることば）と表出言語（はなしことば）だけではなく、からだで現すことば（からだことば）もあるのです。このからだことばは、子どもだけがもっていて、かつおとなになると消えてゆく『ことば』ではありません。

「うるさい！」と手で自分の前の空気を勢いよくはじくとか、「やめて！」と両手でバッテンをつくって制止をかける、不機嫌な時に、ドアをバタンと強く叩き閉めて立ち去るなど、私たちおとなも、誰でもが時に、こういうやり方で自分のメッセージを伝えようとするでしょう。ことばを使う気にならない時、つまりは感情的になっていたり、疲れていたり、精神的な調子が低下している時などに、しばしば、このような子ども時代にしていた、からだことばが復活します。ところが、おとなになっていくにつれて、おとなたちはこのからだことばをコミュニケーションの手段のなかから除外し、ことばの一種とは認めなくなってゆくのです。

中学一年生の秋に、朝起きると学校に行くのを時々しぶるようになり、年が明けた頃から完全に学校に行かなくなったしんごくん。お母さんが心配して相談に見えました。小学校の時には元気に学校に通っていました。成績は中くらい、スポーツが好きで友だちも多かったとのことです。でも中学に入って、担任の先生に誤解され、クラスメートの前で罵倒されたことがあり、それを契機に先生に対して批判的なことを家で言うようになり、お母さんは気になっていました。しかしそれ以上に、彼が小学校を卒業する時、自分たち夫婦が離婚したので、それが影響しているかもしれない、とも悩んでいました。実際には一人息子の彼には、つらいだろうとは思ったけれども、父母のどちらについてゆくのかを選択してもらい、彼はお母さんと暮らすことになりました。でも、お父さんともいつでも自由に会うことができるようになっていて、彼は定期的にお父さんとも会っているということでした。

私はお母さんの話から、まだ、よくわからないけれども、お母さんが語るように、彼の不登校の背後に、学校の先生に対して生まれた不信感と両親の離婚という、この双方が何かしらの影響を及ぼしているということは考えられるだろうと思いました。おとなたちに対して、いろんなことを考えたり悩んでいるのかもしれないとも考えました。もし、そういうことならすぐに解決するというよりも、しばらく時間がかかると考えたほうがよいように思いました。このケースは、彼自身に来院の気持ちはなかったので、お母さんと月一回のペースで、彼をどのように理解し、親として考え、対応していったらよいかをお母さんと相談することになりました。

来院当初は、彼の生活のリズムは乱れ、昼夜逆転が起こっていました。この頃お母さんは、何とか彼を学校に行かせようと毎朝起こし、行くように、と躍起になっていました。であるなら、リビングには緊迫した雰囲気が漂っているだろう、と思われました。そんな雰囲気は嫌だし、起きてしまったらバトルになるので、起きる気持ちになれないでしょう。私には彼が、絶対に行かされなくてすむ、そして親とその話題をしなくてすむように、夜と昼を逆転させているように思えました。そこで私はお母さんに、これまで行かせようという方針をとって、うまくいっていないのだから、今度は方針を変えてみませんかと提案し、具体的には「母は朝、学校に行けとは言わない」と彼に約束し、さらに「家にいてよい」と保障してあげるとよいのではないかと提案しました。そうしたところ、しばらく日数はかかりましたが、彼はゆっくりではありますが午前中起きて夜に寝る、というように生活のリズムが整いました。

それに伴い、夕方お母さんが仕事場から帰宅しても、リビングでテレビをみているなど、お母さんと一緒の場にいることを避けることはなくなりました。しかし、のんびりとリビングでくつろいでいる彼を見ると、お母さんは「そろそろいいのではないか」と思って、少しでも学校に関する話を持ち出します。そうすると、彼は無言で右手のひとさし指を左右に振って、そのまま後ずさりしながら自室に引っ込んでしまい、その日はリビングには出てこなくなるのです。「どうしたものだろう?」と尋ねるお母さんに、私は、それは「そのことは言わないで、やめて」というジェスチャーだろう、「(その話自体)まだ無理だ」というメッセージだと思うので、まだ尋ねないほうがいいと思う、と伝えました。それでお母さんは、とりあえずその話はやめました。でも、ただ家でブラブラしているのも、違うと思うとお母さんは言うので、生活のリズムが整ってきているのだから、次は少し午前中と午後で何かをする、というように、おおまかでよいのでやることをきめていく、ということを提案し、母子で相談して、洗濯物のとりいれ、おふろのそうじなど、家事の一部を彼の分担とすることになりました。きちんとやったわけではないのですが、それでも少しずつ、彼は家でとりきめた簡単な作業だけは、するようになりました。

そうしたところ、中学二年の終わり頃には、彼は新聞やテレビの座談会などをよく見るようになり、帰宅したお母さんに、テレビの討論会などを見ては政治や経済の話と、それに対する自分の意見を言い、お母さんにも意見を聞いて二人で討論する、ということをするようになり、三年の後半になると、授業には出ないけれども行事だけには参加し、自宅で受験のための勉強を少しするようになって何とか高校生になりました。そして、高校は初日から登校し、不登校は終わりました。

彼がなぜ、学校に行くことができなくなったのかは、今でも私にはわかりません。しかし彼の抱えている問題には、内的成熟のために時間をかけることが不可欠だったのだろうと思います。私はセラピストとして、彼の「やめて」というメッセージをお母さんにもしっかり受けとめてもらい、彼のペースで迷うことができる時空間を保障しました。私は時宜に応じて具体的なアドバイスもしましたが、一番役に立ったのは、彼のこのからだことばを、真剣に受けとめようとした、ということだったのではないかと思います。お母さんも一生懸命いわないようにしてくれました。将来に対する不安でいっぱいだったお母さんも、途中から、二人で討論する時に、彼が自分以上に物事を深く受けとめ、精緻に分析し、多面的に考える力が彼の中で育っていることを実感し、それもまた、待つことを支える要因となりました。彼は結局、高校では順調に過ごして卒業し、大学に進学しました。

たとえば「学校が合わないから行きたくない」とか「先生が我慢ならない」など、理由が単純かつ明確な場合には、子どもはたいてい、話してくれます。というより話せるのです。言わないのは、言えないのです。もっと内側からつきあげてくる、どうにもならない衝動や情動につき動かされて、説明などできない状況にある場合が圧倒的に多いのです。そのように混乱したなかで、それを話しことばで説明しろというのは、とても無理な注文です。子どもが黙っていたり、怒鳴ったり、暴力を振るったりするのはそれぞれに、沈黙すること＝「語れない」「待ってくれ」「放っておいてくれ」というメッセージかもしれないし、怒鳴ること＝「やめてくれ」、暴力を振るう＝「うるさい」「黙れ！」というメッセージかもしれません。これがからだからの訴え、すなわち、からだことばです。不登校やひきこもった青年たちはしばしば、幼少期のからだことばの世界に戻って内閉し、そこで自分を育て直し、はなしことばで語れる世界に帰ってきます。このように、語ることが困難な時期に、私たちはからだことばでコミュニケーションをとろうとするのです。ですので、それを読みとり対応することが、この時期の対話なのです。

これは、相手がその時点でもっているコミュニケーションのチャンネルに、こちらが合わせるということです。しかし、この、あたり前のような柔軟な関わり方を、私たち現代人はほとんどできなくなっています。そして、相手を強引に、自分の方に合わせようとするのです。そこにあるのは、頭の中だけで考え、気持ちをくみいれない傾向です。最近の子どもたちのことばの発達には、ことばはよくしゃべるけれども、それがからだを使った体験に裏づけられていない、いわば頭の先だけで捉えた、薄っぺらなものである、というような傾向が顕著にあります。耳で聞いて頭で覚え、それを口から発するという単純な作業が優先され、遊ぶというからだを通して体験することが伴っていないのです。そのため、ことばが体験に裏打ちされていません。だから、しっかり身についてもいきません。このような身体性の欠落は、からだことばの喪失と共に、現代人に共通した問題であるといえるでしょう。

あそびは子どものことば

プレイセラピーとは、その子どもの『遊ぶ』という直接的・具体的な関わりのなかに顕在化された子どもの問題の意味をセラピストが読みとり、その読みとったものを相手の問題の解決や改善のために役立て、対応していく治療的な関わりです。セラピストとクライエントとの相互的交流を通して、子どもの呈した問題を解決したり改善してゆき、その子どもが自分らしく生き、かつ、他者ともそれなりに共存することができる自分をつくってゆくことを目指していると私は考えています。

このようなプレイセラピーにおいて、はなしことばを中心にすえるかわりに、遊びを通して子どもの状態をきめこまやかに把握し、応答していくスタイルは、人生最早期における、赤ちゃんと親との間のコミュニケーションとまったく同じものです。さらに先に、お母さんが赤ちゃんに対して、「きっとできるよ、とってごらん」ということばを伝えたように、互いの間を行き来する情緒に見合う適切なことばがセラピストから添えられていくことは、互いのやりとりを、より確かなものにします。このように、互いの情緒的やりとりを中心にしつつ、ことばによっても関わりを補っているのが、プレイセラピーの世界です。ランドレス（二〇〇七）は「子どもにとっての遊びは、おとなにとってのことばのようなものであり……、子どもたちはことばで言うことができないことも、おもちゃを使って表現することができます」と述べ、「子どもは適切に選ばれたおもちゃを使いながら、遊びを通して自分の感情や自分にとって必要なことを表現します」と語っています。この『遊びは子どものことばである』と捉えるランドレスの視点は、現在の私にもっとも近いものです。

このように考えていくと、ことばを用いたセラピーと、プレイを用いたセラピーは、ことばで関わるか、『あそび』ということばで関わるか、ということだけの違いであって、『あそび』ということばを用いて相互的に関わり、それを通して相手を理解し援助する、という意味では、まったく同じものだと言うことができるように思います。ですからその両者の間にいる人々、たとえばおとなでも、知的障碍があるなどのために、はなしことばを自由に使って自分を表出することが困難な人たちや、ことばを扱うことはできるけれども、自分の気持ちや考えをうまくことばに表すことがむずかしい、思春期の人々などに対しても、時宜に応じて柔軟に、プレイセラピーのような、別のチャンネルのことばをも積極的にとりいれることによって、私たちはずっとうまく相手とつながり、互いの思いや気持ちが両者の間をゆきかう関係をつくることができるのです。『ことば』と『あそびということば』、そして『からだことば』は、それぞれが、どっちが優れていてどっちが劣っているというものではありません。相補的に人のコミュニケーションに役立つもの、と捉えてゆくとよいのです。そしてそういう考え方がもっと普及してゆけば、プレイセラピーを軽視する傾向は、ぐっと減るのではないかと思います。

ことばをめぐっては、現代ではことばの象徴性・多義性が失われ、ことばがただの記号化しているという指摘があります。たとえば学校から帰ってきた子どもに「(学校) どうだった?」と尋ね、「別に」といわれると、親は本当に何事もなかっと捉えてしまうというのが日常でしょう。もちろん、いつも言っていることを疑えと言いたいのではありません。現代人は忙しさのなかで感受性を鈍らせてしまい、「別に」といわれたら字義通り「何もなかった」と、表出されたことばだけを受けとってしまう。これがことばの多義性が失われ、ただの記号と化しているということです。このような現代においては、いっそう、意識的・自覚的にことばの世界をあそびやイメージといった、ことばにならない世界で補っていかなければ、コミュニケーションのズレは大きくなる一方でしょう。これはセラピストの課題であるだけでなく、現代人の共通した課題であると思います。このように考えていくと、プレイセラピーとはクライエントの知的世界と身体性、情緒的世界という三つの世界を、セラピストと一緒に自由に行き来し、それぞれをつなぐことによって、自分が自分と、もっとつながってゆくための積極的かつ有用な関わりであると言うことができるでしょう。

さて、子どもたちの心理臨床的な援助の裾野はとても広くなり、さらに拡がりつつあります。通常子どものセラピーは、親が心配して子どもを相談機関につれてくるということで相談がスタートします。現在でも、親子が相談に来て個別のセラピーを受けるという形態が基本であることは変わりませんが、今日では、相談の形態はより多様化しています。養護施設や自立支援施設、乳児院や老人ホームなど、新たに心理臨床的援助が要請されるようになった施設に、心理臨床家がどんどん入るようになっています。これは、スクールカウンセラーが子どもたちの通う学校に入り、子どもや親への心理的サポートを、教師と協力しながら行う相談の形態と基本的には同じですが、さらに一歩進んで、親から離れて生活している彼らの日常の場に入っているというのが特徴です。これはつまり、子どもや老人のごく身近なところに、『心理さん』がいるということになってきているということです。もちろん、それぞれのフィールドで心理臨床家に求められている役割は、それぞれに違い、かつ、すでにそこにいる専門家とどのように共に機能し合いながら心理的なケアをしてゆくか、ということはよく考えなければなりません。しかし子どもを対象とした施設では、やはり『あそびということば』を用いたプレイセラピーのあり方を、原則と基本は押さえつつ、柔軟に変えてゆき、『その場で求められていること』と『そこでできること』に焦点をあわせて摸索してゆくことが必要になるでしょう。心理臨床家としての核となるものは保持しつつ、それぞれの場、それぞれのクライエントに求められていることに、どのように個別に応えていくかということは、現代の子どものセラピーに関わる者たちにとって、ひとりひとりが考えていかなければならない課題であると考えます。

〔**参考・引用文献**〕

Emde,R.N.and Sorce,J.F.「乳幼児からの報酬：情緒応答性と母親参照機能」（J・D・コール、E・ギャレンソン、R・L・タイソン編、小此木啓吾監訳、慶応乳幼児精神医学グループ訳）『乳幼児精神医学』二五―四八頁、岩崎学術出版社、一九八八年

神田橋條治『治療のこころ（巻七・平成七年）』花クリニック神田橋研究会、二〇〇〇年

神田橋條治『治療のこころ（巻九・対話精神療法の初心者への手引き）』花クリニック神田橋研究会、一九九七年

ゲリー・L・ランドレス（山中康裕監訳、角野善宏・勅使川原学・國松典子訳者代表）『プレイセラピー―関係性の営み』日本評論社、二〇〇七年

丹羽淑子編著『母と乳幼児のダイアローグ―ルネ・スピッツと乳幼児心理臨床の展開』山王出版、一九九三年

D・N・スターン（小此木啓吾、丸田俊彦監訳、神庭靖子、神庭重信訳）『乳児の対人世界（理論編）』岩崎学術出版社 一九八九年

第3章　どのように読みとるか

——関係の綾を読む

『訓練された主観性』を用いることで

本章では、私というセラピストが子どもとの間で『その時々』に連想したり、主観的に摑んだ感覚を、ケースの流れに添って、できるだけ詳細に提示してゆきたいと考えています。セラピーでは、相手からことばによって伝えられる情報だけでなく、通常ならば見逃されてしまうような、ことばで表現するのがむずかしい、ささやかな"something"にも積極的に注目します。それによって、クライエント本人も気づいていない自分の気持ちや意向を読みとろうとし、その読みとりの過程でセラピストのなかにわきおこる感情や考えを、積極的にくみいれてゆくことで、見立てをつくってゆきます。その"something"とは具体的には、待合室で待っている様子の観察に始まり、面接室やプレイルームに入る前・入った瞬間、そして、その後椅子に座るとか、玩具の棚に向かうまでの間の変化、さらに部屋にいる間の様子、そこでのからだ全体や顔つき、雰囲気の変化の様相、セラピーが終わることを告げられた時から部屋を出ようとし、出た瞬間の感じまで、その一連のまるごとすべてをさします。それらの情報とことばによって得た情報とを組み合わせ、どのようなことが問題なのか、どういう課題をこのクライエントが抱えているのかということを、ていねいに考えてゆくのです。これは初回の時に集中的に行いますが、毎回のセラピーでも、常に微調整してゆきます。

森（二〇一〇）は、間主観的関わりにおいて、心理療法過程における治療的変化を促進する要因としては、セラピストが語る内容、語り方以上に、相互交流・〈体験の現れ〉を通してクライエントに伝わるセラピストの感性・姿勢・暗黙の信念・意図・思いが非常に重要である」と語っています。これはもちろん、ことばにすることが極めてむずかしい領域ではありますが、だからといって、この領域における相互作用をはじめから「ない」ことにしたり、軽くみたり、セラピーの理解のなかからはじいてしまったのでは、セラピストとクライエントとの間で生起しているであろうダイナミズムを捉えることができません。というか、もしそれをなくして、ことばによるやりとりを分析してゆくだけでは、表面的な理解はできても、実際の問題とは大きくズレてゆくことになるでしょう。それは海面から見えている氷山を見て、これが問題だと捉えてしまい、海の中にあるその氷山の土台となっているものを、ないことにして対処するのと同じです。

さて、今日、『主観』ということばを用いると、特に心理療法の領域では、即座に『客観的ではない』と排斥される傾向が顕著です。科学的根拠に欠けるという意味なのでしょう。西平（二〇〇五）はエリクソンのことばをひきながら、心理臨床の仕事において、「臨床家はクライエントのこころの内側を、自分自身（臨床家自身）のこころにわき起こる感情を通して観察する。この場合の『観察』とは『体験する』と区別できない。なぜならその感情は自分自身のものであり、自分の外にある対象の観察ではなく、まさに当人自身が体験しているのだからである。その感情を手がかりにする。ないしは、そうしたこころの動きを通してしか、（セラピストは）クライエントのこころの内側に近づくことはできない」と語り、観察者すなわちセラピストの観察の道具は、自分自身のこころの動き、すなわち自分の感情的な反応である、と述べ、観察者の主観的反応こそが大事であり、観察者すなわちセラピストに求められる力量は、『訓練された主観性』であると分析しています。教育学の立場から人のこころの深層にせまってゆく西平のこの思索は、現代の心理臨床において、急速にその意味が軽んじられ不鮮明になっている、というよりもむしろ、心理臨床の世界において、存亡の危機にすら陥っていると思われる『主観性』というもののもつ有意味性とその意義を、私たちにあらためて示してくれています。

数字やデータで証明できるということは、わかりやすく、確かに一つの指標ではあるけれども、唯一無二の真実ではありません。そして、数字やデータにならないものは、すべてうさん臭い偽物というものでもありません。しかし現代のエビデンスを求める渦中において、心理臨床家たちは誰にでもわかる客観性というものにしばられ、自由にものを捉えて考える視点を喪失し、かえって不自由になっているように感じます。しかし、セラピーがこれからより人々のための援助としての質を高めてゆくためには、森や西平によって照射された、『セラピストの主観性』というものをも、あらためて自分たちで問い直し、そのセンスをとぎすまし、洗練させてゆくことが不可欠だと思います。それは、今エビデンスを提供することで社会的にも承認されるようになりつつある心理療法を、百年前に退化させろということではないのです。エビデンスを捉えられるものはそうしつつ、同時に内的・主観的世界とも深く関わってゆくという両方の世界をもち、その両者を共存させてこそ、より豊かで役に立つ心理臨床の世界が拓かれてゆくのではないかと思うのです。そうしてこそ、心理療法の成熟があるのではないかと思います。

あらためて育てたい『専門的な経験に裏づけられた勘』

私が本章の冒頭で描いたクライエントへの観察の様相は、相談に来た人を判断し、見立てるための一手法です。しかし、もし私が見立てにつかうポイントを項目としてピックアップし、チェックリストを作成し、そこに結果を記述したり、段階で評定すれば、私がそうせずに収穫している情報量に比べて、得られるものが激減してしまうでしょう。観察というのは、リスト化されれば、そこにあてはまるものだけしか捉えなくなり、項目と項目の『隙間』にあるたくさんの情報を、とりこぼしてしまうのです。ですので、チェックリストはつくってもよいけれども、その限界をわかって用いることが肝心です。客観的に誰もが同じように判断できるチェックシートをつくり、そこにチェックをいれ、その結果をみて診断し、そこからどう介入し、どういう技法やテクニックを導入するか、ということが検討されていくアプローチは、一見客観的で科学的で公平であるように見えはするものの、実際にはザルで水をすくっているようなものでしかありません。

神田橋（一九九二）は、今日のわが国の心理療法のなかで、「患者の体験が、正しく、あるいは近似的に、あまり歪みなくキャッチされている、ことが少ない。もう、ぜんぜん、こっちで手前勝手に適当にキャッチしている」ケースがとても多いと指摘し、さらに粗雑な情報収集に基づくデータが、きわめて正確に、ピシッとクリアーに考察されれば、必ずはずれるという悲劇が多発していると語っています。つまり、セラピストがクライエントの話を適当に聞いて、この人はこういう問題のある人だろうと大雑把に捉え、それに対してその問題解決用の高度にプログラムされた技法なりアプローチを用いれば、クライエントの求めているものとは間違いなくひどくズレるということです。それに対して、自分の経験に裏づけられた専門的な勘や、訓練された主観性を十分に働かせてゆけば、クライエントの問題や求めているものに近づいてゆくことができるだけでなく、ひどくはずれる、という危険はむしろ、少なくなるのです。

　とはいえ、自分と相手との間に流れている、ことばとことば以外のすべてを活用する、ということは、言うはやすく行うのは簡単なことではありません。そしてこの問題をこそ、私たち心理臨床家が真剣にとりくんでゆかなければ、プレイセラピーの確かな理解とさらなる発展は、望め得ないと思います。しかし私自身、どのように個々のケースで見立てをたててゆくかということは、先に述べたようにある程度の観察の指標はあるものの、ケースによって力点の起き方、強弱のつけ方等はそれぞれ異なり、その思索の流れを完璧にことばで記載することは、到底できそうにありません。しかし具体的な例を示す以外、私が言いたいことを伝える手だてはないだろうと思います。そこで私は本章で、自分のセラピーでしている自分なりの関わりの断片を、可能な限り描きだしてみようと考えました。見えるようにすることで、何が言いたいのかを伝えると共に、例があれば、お手本になるので、これは違うとか、これはそうかもしれない、というように具体的に考えることがしやすくなるだろうと思うからです。これは、自分と相手との間でのことばやことば以外のやりとりによってわきおこった感覚や感情をもとに考えたことを、通常の事例研究で描かれるやりとりより、もっと詳細に描いてみようという試みです。私はセラピーでは、自分のなかに起こってくる『経験に裏づけられた勘』を徹底的に用い、羅針盤にしています。

ケースを読んでいただければわかりますが、私は出会いとやりとりの瞬時瞬時に、さまざまなことを感じ、考えています。もちろんそこで立ち止まって考えることはできないので、考えながら感じながら、動きながらということが、実際には同時に行われているのです。ですので半分は自覚的、半分は半自覚的なものでしょう。それらを『他者と共有できるようなことば』におきかえるのは、その時にもしていますが、後でもひき続いて行っている作業です。その瞬間は、自分のからだとこころのなかに蓄えてある、これまでの関わりによって集めた膨大な経験からくるデータを、必要に応じてひきだして使っています。私がここで言っている『勘』というのは、おそらくはジェンドリン（二〇〇七）がフォーカシングのなかで説明している、生物学的コンピュータと同じようなもので、瞬時の計算ということです。私は、セラピストに必要なのは、客観的にみる視点と同様に、こういうことばになる以前の、『勘』のようなものを、錬磨させてゆく能力であると考えています。

さて、セラピーをどう動かすか、ということを考えた時、私にとってもっとも近いイメージは飛行機の操縦です。飛行機の操縦は離陸時と着陸時がもっともむずかしく、飛んでいる間はそれほどの困難さはない、と聞いたことがあるからです。セラピーでも、セラピー全体をどのようにはじめるか、ということが当面もっともむずかしい点で、何とかすべりだしてゆけば、ある程度継続してゆくことは可能です。このセラピーの「はじまりだし」で、そのクライエントは自分の内的問題のみならず、その人の性格や資質など、いわゆる『自分』をまるごと見せてくれます。有形無形の情報量が圧倒的に多いのです。そこでどのようにセラピストが読みとることができるかで、セラピーの動きは変わってきます。「はじまりだし」でセラピストが何を感じるか、どのように相手を捉えるか、そして子どもがここ（場所）や相手（セラピスト）に対して、何を感じ、どう捉えるか、どのような関係性を紡いでゆけそうだと互いが思うか、というその両方で、セラピーの大筋がきまります。ここでいう「はじまりだし」は、厳密にいうと初回であり、もう少し幅をひろげて最初の二〜三回のセッションを含めてもよいでしょう。そこで私はまず、セラピーの「はじまりだし」をとりあげ、相手との関係性のなかで、私自身がどういうところで何を感じ、どう読み、どう捉えて全体としての見立てをたててゆくか、という具体的なありようを、描いてみることにしました。自分が担当したケースをまな板の上にのせているので、自分が実際に関わった時の内的体験が、フルに活用されています。

次に「はじまりだし」だけではなく、セラピーのなかのセッションで、自分がどのように聞いたことから連想してゆくか、という例を示すために、私が受理面接をし、スーパービジョンでも関わり、大学院生が担当したケースのセッションのひとコマをとりだしました。そのために、私が大学院の授業で大学院生のトレーニングとして行っている、「プレイセラピーのワーク」（『心理臨床への手びき』を参照）で扱ったケースを素材にしました。もちろんここでも、私というセラピストのフィルターを精一杯使っています。しかしそれは、自分がセラピストとして関わっているケースで自分のなかにわきおこるイメージとは、少し違うだろうと思います。この両者を比べることで、自分が相手とじかに関わり、そこで生じる体感のようなものが、逆の意味で読者のみなさんに伝わるのではないかと思っています。

初回面接という「はじまりだし」

子どものセラピーでは、子どもが自分で相談に訪れるというよりも、問題を感じた親ごさんが子どもを連れて来る、ということの方が一般的です。その時子どもに、何のために相談に行くのか、という意図を伝えて来る親ごさんもいますが、何となく一緒に来たとか、本当のことを言ったら子どもはきっと来ないので嘘をついて連れて来る、という場合もよくあります。どういう目的で来たのか本人自身がわかっている場合は、セラピストとしては楽ですが、そうでない場合も、それほど目くじらをたてることはありません。というのは、「相談に行く」と言われても、その具体的なイメージは親も子も、実際にはまだ見えてはいないわけですし、どのように言ったらよいかがわからないので、とりあえず何となくごまかしてきた、という場合が多いのです。

そういうわけで、どうも、別の理由で連れて来させられたと感じた時には、「ああ、だまされて連れて来られちゃった？　それはびっくりしたでしょう」と、まっすぐにそのことを話題にしてゆけば、子どもの緊張や不安はほぐれてきます。そしてこの「だまされて」ということばを発する時、子どもに対してだけでなく、親に対してもできるだけおどけた、明るくやわらかい感じで伝えるのがコツです。『どこのお家でも、これはよく使っている手なのです』という雰囲気が漂いさえすれば成功です。これは親ごさんに対しては、非難ではなく、この話は共有してスタートするのがよいと思っている、ということの姿勢を伝える意味があり、子どもに対しては、これが一番わかりやすく、正直に対応できるセリフであると考えているので、そうしています。これでまずは、場がほぐれます。

こうしたうえで「でもせっかく来たのだから、ちょっとお話ししたり、遊んだりできるといいんじゃないかなあって思うんだけれども、どうだろう?」と、第一ボタンのかけ違いを修正すれば、ほとんどの場合、了解してもらえます。というのは、一〇〇パーセントだまされる、ということは実際にはあまりなく、うっすらと怪し気なところに連れて行かれるということを、子どもはたいてい承知してついてきているのです。

会った結果で、セラピストがその子はセラピーを受けるとよいだろうとは思うものの、最初は来るのを嫌がるようなら、親ごさんの相談を先行させ、しばらくしてから本人をあらためて誘います。子どもは親の様子を見ているので、しばらくすると親の変化を実感するということと、その相談機関のことが何となくわかってくるので、この相乗効果で本人が相談に来る確率は高まります。そこまで待つのが得策です。ある時には、親に『つきそい』のようにくっついてくることもあります。そんなときには、本人に待合室で待っていたいか、親が話をするのを横で聞いていたいか、ということを聞くとよいです。もし、一緒に来たいという場合には、陪席をさせるイメージで、本人に面接の模様を傾察させます。そして「また来たくなったらお母さんに頼んでごらん」と伝えておくとよいのです。

あるいは、親ごさんの話を聞いていても、子どもの行動の観察をしても、その子どもにはセラピーはしなくてよいと思われる場合というのも、時にはあります。その場合には、それを親ごさんに伝えて安心してもらえるなら、それで終わってよいのです。それでも親ごさんの不安や心配がとれない場合は、子どもへのセラピーはしない代わりに、親自身の相談を勧めます。このように、セラピーというこころの手あては、必要な人に対して提供されるものであるべきです。

とはいうものの、親ごさんが相談なんか嫌で、（死ぬほど）来たくない、という場合もけっこうあります。学校などで子どもに問題があると指摘された場合には、親は自分の気持ちとは関係なく、いわば強制的に相談に行かされます。その場合も、子どもに問題がないとセラピストが判断できたら、親も子もセラピーに通わなくてよいのです。でも、そうではなく、子どもにはセラピーが必要であろうとセラピストが判断した場合には、親に相談意欲を上げてもらわないと、セラピーは始まりません。というのも、特に子どもが幼かったり、家が遠方だったりする場合には、子どもは一人で来られませんし、お金も払えません。それ以上に、親が心理的に拒否的であれば、それに逆らってまで来るのは、子ども自身も辛いものです。ですから、最初は他者に言われてしぶしぶ来た親ごさんに、「子どものためだけでなく、自分のためにもなるかもしれない」、もしくは「自分のために来てもいいかも」と思っていただけるように、初回の出会いの時に親の気持ちを切り換えられるかが、「はじまりだし」における、セラピスト与えられた重要な課題なのです。

渉くんのケースから

嫌々来させられた親ごさん

「息子のことで相談を」という予約電話を受け、待合室に迎えに行った私は、険しい顔で背筋をピーンと伸ばし、斜め下を向いて座っている、渉くんのお母さんに出会いました。からだ全体が小さく震えているようにすら感じられます。緊張からというよりは、むしろ、怒りからといったほうがぴったりな感じです。鉄の鎧をぎゅっとまとい、死をも辞さずの覚悟で、敵陣に乗り込んだひとりの兵士といった悲壮感すら漂っていました。この感じは、無理やり相談に来させられた人に多く見られます。お母さんは、「こころの底からこんなところに来るのは嫌なの!!」、という叫びが全身からつき出ているハリネズミのようでした。よほどのことだろうと思い、このお母さんの気持ちを受けとめようとすることが大事だと思いつつ、同時に私は、この人はとても正直で、かつ不器用な人なのだろう、とも感じていました。というのは、嫌々来る人はたくさんいますが、これほどの嫌悪感と怒りの感情を、あからさまに見せる人は稀だからです。ですので私は、帰る時までに、お母さんの着ている鎧の結び目が、少しだけでも緩み、風が通るようになればと思いました。

面接室に入り、「息子さんのことで、とお電話でうかがいましたが」と言ったところ、お母さんは学校から、地域の教育相談所に相談に行くようにと強く言われた。けれども、学校の薦めるところにはどうしても行きたくなかったので、探してここに来た、と話されました。私は「では仕方なく、来させられたということですね」と言ったところ、「そうです!」と強く吐き捨てるように言われます。「それは言うに言えない複雑なお気持ちだろうと思います。そんななか、せっかくおいでになったのですから、可能な範囲でお話を聞かせていただければと思います」と伝えたところ、彼女はぼちぼち話し始めました。

渉くんは小学六年生。学校からいくつか心配な点を指摘されていました。たとえばゲーセンの隅でタバコを吸っていた、あちこちでピンポンダッシュをしたり、何でもないのに警報ベルを押した、というような目撃情報が度々あり、その都度両親が学校から呼び出されていました。「いつ電話が鳴るか、気持ちが落ち着かない毎日でしょう」と伝えたところ、即座に「そうです」と唸るように答えます。ひとつひとつ、私は動物に嚙みつかれたり、吠えられているような気持ちです。怒っていることを隠そうともしない様子からは、正直で不器用な人だろうという私の最初の推測は、外れてはいないだろうと思われました。

ひとしきり、家庭の外での様子をうかがったので、家で困ることはないかを尋ねたところ、この質問は想定していなかったようで、「そうねえ」という、ちょっとやわらかい声でしばし考えてから、家でも塾の月謝を本人に持たせたら届けずに使ってしまったことがあった。でも、それより悪いのは、親が問い詰めても、絶対自分はしていないと平気で嘘をつくこと。それを自分も父親も許せずに猛烈に叱ってきた、ということでした。話の様子から、平気で嘘をつくということは、月謝以外にも複数あるのだろうと思われました。そこで私は「お話をうかがうと、わかりにくいお子さんだったのではないか、と思います」と言うと、お母さんはそこで突然、力を入れて身体を大きく立て直しました。そのため、着ていた鎧が音をたてて一気に揺れたような感じがしました。そして絞るような震える声で、次のことを語りました。

「あの子には五歳上に姉娘がいます。姉娘は厳しく育てたけれども、彼は未熟児で生まれたので、小さい頃から甘やかして育ててきました。危いことをした時に、ダメだといってもきかなかったり、でも叱ると泣きながら『わかった』というので、懲りたかと思うと、すぐに同じことをしたりしていました。そういうことが小さい時からずっとあったので、どうしてなのだろうとずいぶん頭を悩ませてきたのです。あの子はどうも、すぐにケロリと忘れてしまうのです。発達はゆっくりでしたが、それなりに成長してきたので、いずれちゃんとできるようになるだろうと思っていました。

小学一年になった当初は、クラスにうまく入れず、よく教室から出ていましたが、先生がよく対応してくれていたので助かりました。二年の時には少しは席に座っていられるようになりました。でも三年で担任が代わり、力で抑えつけるタイプの先生になり、彼は反発していました。その頃、クラスのなかで傘をふりまわしたり、ランドセルでガラスを割ったりすることがあって、親は頻繁に学校に呼び出され、家に帰ると問い詰めるほどに怒りました。四年生になると、おおらかな先生が担任になりました。そのためか、学校から呼び出されることはなくなりました。それが五年になって厳しい先生になり、いたずらをしたり問題をおこすとひとつひとつ問題視して、私も父親もふたたび頻繁に学校に呼び出されるようになりました……」と。ここでふっとお母さんのからだの力が抜けました。お母さんの鎧は、ひとまわり、しぼんで小さくなった感じがしました。

私はこの時、お母さんが小さい頃から常に彼の行動にびくびくさせられ、心休まることなく過ごしてきたであろうこと、両親とも凄く怒っていることからも、正直で人に迷惑をかける、悪いことをするのは人一倍嫌だと思っている方たちなのではないか、だとするといっそう辛く、苦しかったのではないか、という私の印象をお伝えしました。そうしたところ、「そのとおりです！」と力を込めて言い、しばらく迷っているような沈黙がありました。しかもそれは、相当長い沈黙でした。何かがあるんだろう、そして今まではそのことの序章であり、ここからがもっと困っていることなのかもしれない、と私は感じました。ここまでの間で、お母さんには、私が問い詰めたり責める人ではない、ということは漠然とは伝わっていたのだろうとは思いましたが、もしももっと深刻な問題であるならば、自分が話したい、話すしかない、と覚悟ができた時に話すのが大事です。そうでなければ、話させられたという、させられ体験になるからです。ここは話をしなければならない場所ではありません。お話しされなくてもよいのです」と、見えます。ここは話をしなければならない場所ではありません。

選択権があることを伝えました。言わないほうがよい、ということばを言わなかったのは、おそらく彼女は、言おうと腹を決めつつある、と私が感じていたからです。そしてしばらくたって、腹をくくったかのように「実は……」と言って学校で今、問題になっていることを話し始めました。

彼が学校帰りにバッタやイモ虫をつかまえては、手足をむしっていたとか、虫を手でつぶしたり足で踏みつぶしたり、あるいは生き埋めにしたり、BB弾で犬や猫を撃ったり、カッターを持ち歩いて……等々のことが言われている。そういう噂が耳に入ってくるのだけれど、親としては、本当にそうなのかわからない。噂のほうを信じるのも嫌だけど、彼を信じるのもむずかしい。思い切って「バッタを埋めてたって聞いたけど」と本人に聞いても「うんうん」と。「そんなことないよね。なるべくやめようね」といったら「うんうん」と。お話を聞いていても、このお母さんの問い自体がピンボケなので、彼の返事もピンボケです。「いったいどっちなのか？　と、自分にも疑う気持ちはあるのだと。でも、こういう積み重ねを言っていくしかないのかなあ。善悪の判断もつかないのかと情けなくなり、最近ではよくわからくなっているのです」と吐くように語りました。吐くといっても、ここまで話すと相当下火になっており、お母さんの鎧にはかなり大きな隙間ができてきています。ただ息子のことがわからず、心配している心細い母、という雰囲気に変わってきました。

お母さんによると、「最近の彼はカッとしやすい、でも、小さい頃はそんなことは感じなかった。そんな彼だが、今でも道端でお年寄りに会うと、必ず『おはようございます』とていねいに挨拶するし、電車ではぱっと立って妊婦さんやお年寄りに席を譲っている、やさしい子なんです。だから一体どう考えたらいいのかわからない……。彼は最近では、学校にいくのが苦痛なようで、保健室で過ごすことが多いようだ」と語ります。

と、このあたりまでで、終わりの時間がせまってきました。私は子どもに会って、子どもの状態を確認したくなりました。しかし同時に、再びお母さんが、（子どもの問題行動を原因として）強引に来させられると感じることは、したくないと思いました。もちろん、お母さんは来院当初よりは緩んでいます。とはいえ、まだまだ油断は禁物です。お母さんのこころの痛みは、こんなことで簡単にやわらぐものではないはずです。そこで「何よりも無理やり来させられたということは、お母さん、本当にお辛かったと思います。まだほんの少ししかお話をうかがっていませんが、お母さんは、夜も眠れないほどの心配な日々を過ごして来られたのではないかと思います。だとすれば、どれだけ自覚的であるかどうかはわかりませんが、彼もまた、きっと困っているのではないか、と思うのです。私がここで、お母さんにお目にかかれたのは、何かのご縁のようにも思います。せっかくなので、私は彼にも会えたら、もう少し何かお役にたてるのではないかしら、とも思うのです。彼に直接会って私が感じたことを、お母さんとお話しすることができればと。可能なら、私はそうさせていただきたいと思うのですが……」と継続面接ではなく、とりあえず一度だけの面談を申し出ました。そうしたところ、またじっと、しばらくの間考えてから、お母さんは次回、彼を連れて来ることを約束してくれました。やはり、一回だけの面接を、という申し出がよかったのだろう、と私はほっとしながら考えていました。そして、次の週にさっそく来てくれる、という言い方から、ちょっとは脈がありそうかな、と思っていました。

少年と会う

翌週、彼はお母さんと一緒に来ました。待合室に行くと、ちょこんとお母さんの隣に座って、マンガを読んでいる少年がいました。その少年は、驚くほどあどけない顔をしていました。まるで四、五歳くらいの子どもの感じで、小学六年生とはとても思えないほど、純真無垢な幼な顔です。先週聞いた怖しい話とは、かけ離れた感じです。でも私が「渉くんですか」と、名前を呼んだ時にあげた顔の彼は、きりりとしまった、賢そうな感じの少年でした。私はこの、あどけなさ・幼さ・賢さという複数の顔が同居している彼に、何となく不思議さを抱きつつ、自己紹介をして面接室に招きました。そして、「この前お母さんがあなたのことで相談に見えたの。先生はお母さんからお話をうかがって、あなた自身が、学校やお家でいろいろ困っているんじゃないかって思ったの。で、それで先生があなたに会いたくなって、お母さんにお願いしたの。お母さんも渉くんも、ありがとう」と私から最初に簡単に伝え、次にお母さんに何て言われて一緒に来たのかをと尋ねました。そうしたところ、「……保健室みたいなところに行こう」と言われたと。お母さんはこの返事に、嫌そうな顔をしました。あまり自分に話を振ってほしくなさそうです。そこで「そうかあ。ところでこの病院には遊ぶお部屋があるの。せっかくだから、そこでお話しできるといいかなあって思っているの。そこに先生と二人で行ってみる？」と誘ったところ、ちょっと躊躇したので、すぐに「じゃあお母さんも一緒にみんなで行こう」と言い換えました。そしてみんなで移動し、プレイルームに入って部屋を見た途端、すぐに彼は「ここならぼく一人で大丈夫」と言いました。そこで、お母さんには待合室に戻って待っていただくことにして、私は彼と二人になりました。

このように口で「一人で大丈夫」と言いながら、目はすでに箱庭の棚に釘付けです。まっすぐにそこに行って、棚を眺め、戦闘機を見つけて「これ、〇〇……、イギリス製で……、あっ、こっちはアメリカ製で……」と指さしながら私に話しかけてきます。人なつこさを感じます。でも、気持ちはものすごくのめりこんでいるのに、手を伸ばしてとろうとはしません。そこで「自由に手にとっていいのよ」と伝えると、すぐに手にとり、うれしそうに眺めて、さらに自分の知っている知識を披露します。実によく知っているので、「ふーん、そう、そう」と、私はあいづちをうってゆきました。手にとるすべてが戦闘関係のものであり、かつ動くものであることは、彼が日常で、『いくさ』に似た心理状況にあることを伝えているように思われました。そしてうれしそうに手にとって眺めている彼なのに、私はなぜか、その彼の背中に淋しさ、孤独感といったものを感じていました。

私の連想①　ただでさえ、学校で叱られてばかりの毎日の彼なのですから、このクリニックに来るに際して「保健室のようなところに行こう」と言われたら、不安と緊張をもったろうと思います。お母さんは二度目の来院とはいえ、まだまだ来させられている不満も怒りもたくさんあるのですから、それも彼に影響しただろうと思われました。どこにも安心できる素材はありません。そんななかで、彼はマンガを読むことで、自分の不安を鎮めようとしていたのかもしれません。これは常識的に考えれば、そうなります。でも私は彼を見た瞬間、何かそれだけではしっくりこないものを感じていました。実際にマンガを読んでいた間は、そこに気持ちを過剰集中させることで、余計なことは忘れることができていたのかもしれません。でも、彼のあまりに幼い表情からは、もしかしたら、彼は何も考えておらず、そんなに不安でもなかったのかもしれないとも思いました。これはつまり、彼の内的世界はもっと幼く、よって、そんなに複雑ではないかもしれない、という連想です。でもそうすると、次に名前を呼ばれた時に一瞬みせた賢さは、どうつながってくるのか、が疑問になります。幼さを基準にすると、この賢さは不似合いです。幼さと賢さが混在しているのだろうかなど、私の頭のなかは、すでに出会った瞬間からごちゃごちゃしていました。

私が最初に二人でプレイルームに行ってみないか、と誘ったとき、彼は一瞬迷いました。急に不安になったのでしょう。不安があるのは、むしろ自然で健康な反応です。もしここですぐに「うん」と言われたら、それは、よほど相手に合わせる能力が高く、自分の不安を否認してしまう子か、遊ぶ部屋ということばだけに反応して、怖さをすっ飛ばしてしまう無鉄砲な子かもしれないという可能性が出てきます。それを確認するための先のセリフでもあったのですが、彼はそうではありませんでした。ですので、私はこの、彼の反応に安心し、みんなで部屋を移動しました。

でも、プレイルームを見た途端に、彼の不安は吹き飛びます。「ここは大丈夫だ」と判断したのでしょう。もちろんこれは客観的には正しい判断です。でも、先ほどの不安を払拭するには、ちょっと時間が短すぎるような気がします。つまり、もう少し時間をかけ、判断したほうが安全だと思うのです。このように考えていくと、彼はマンガは楽しい、一人で行くのは怖い、でも部屋を見たら安心、というように、自分の気持ちが、彼の置かれている状況の変化に伴い、くるくると素早く変わってゆくということが見えてきます。慎重さが足りないといってもよいでしょう。一歩間違うと、早とちりする可能性もあるだろうと思います。これは言い換えれば、ていねいにリサーチする力が弱いと言ってもよいものですし、彼のある種の単純さを示しているとも言えるだろうと思いました。それらは先に私が、何となく彼の内的世界はそれほど複雑ではないかもしれない、と推測したことと重なってくるように思われました。

では次に、彼が自分の関心のある玩具を前にしつつ、手を出さなかったことは、どう考えたらよいでしょう。躾けがしっかりしているからとか、場に対する遠慮が働いているからとも考えられます。しかし先にお話したように、すっと気持ちが動く子なら、手を出す方が自然です。もし彼の精神内界が単純なだけなら、なおのこと、手を出してもよいはずです。私は何となく、『そうしてもいいかどうか、よくわからない』から手を出さなかった、のではないかという気がしました。彼はまた、「自分で手にとっていい？」とも聞いてきませんでした。ということは、こういう場面でどう対応したらよいかよくわからないし、そういう時にも自分から聞くということが、あまり得意ではない子、なのかもしれないと、私は漠然と感じていました。

＊

さて、最初は遠慮がちに手にとって説明していた彼も、段々こんな風にしていてよい場だとわかってきたようで、いくぶん、自慢気に説明するようになりました。場の雰囲気を受けて、彼はすぐに緩んできました。そして一五分ほどたつと「この戦艦は、いつからここにあるの？」と質問してくるようにもなりました。「ずーっと長い間、ここにいるの。そして大勢の子どもたちのこころを見守り、助けてきてくれた戦艦なの」と私は答えました。そんなやりとりをして互いの間に、ゆったりとしたよい空気が流れはじめていたその時、彼が手にとった車が、手からすべって床の上に落ちました。と、その瞬間、彼は「ごめんなさい！」と、びっくりするくらい大声で叫びました。それまでの元気さが一変して、脅え、両手を胸の前で拳固をつくってまるめ、縮こまっているのです。目も顔もすでに固まっています。ぎゅっとすくんだ様子は、まるで蛇に睨まれたカエルのようで、彼がまるで石にでもなってしまったようにすら、私には感じられました。演技とは違うものがありました。とっさに「まずい！　叱られる！」ということしか頭にない感じでした。そこで私はこの時彼に、ゆっくりと、「大丈夫よ。おもちゃが落っこっちゃっただけ。車も壊れていないよ」とその状況を、冷静にていねいに伝えながら、彼の肩を小さくポンポンと叩きました。そのリズムと安定した周囲の雰囲気に支えられてか、彼はそれほど時間がかからずに、むしろケロリともとの彼に戻りました。

私の連想②　悪いことが起こったら、「とにかく自分が悪い」と思い込んで縮みあがる彼の姿勢は、日常のなかで育くまれてきたものだろうと私はこの時思いました。おそらくは、このようにして怒鳴られたり殴られることが、頻繁に起こっているのだろうと思われました。彼が実際によくないことをして怒られる場合もあるのでしょうが、今回のように、彼が別に悪くないような場合でも、結果としては、まずいことが生じているので、反射的に謝るという対処行動が彼のなかに育っているということが、これによって明らかです。この時私は、自分の目の前で、物が壊れるというようなことが起こった時には、彼の頭は瞬時にフリーズし、何がどうだか、わからなくなるのかもしれない、とも思いました。そんな時、彼はただ、反射的に謝るのかもしれません。このように、何が起こったのかがよくわからず、正確に判断できず、混乱して謝ってしまったり、謝らさせられていることが、彼には多いかもしれないと、この時私は感じていました。そしてもしも、ただ、やみくもに謝っているなら、何がどうだからそうしてはだめ、というような学習にはならないということと、彼のこころに憤りや不満が溜まってくだろう、そういう彼のなかの押し込められた感情が、動物いじめのような行動として現れているのではないか、とも考えました。だとすれば、彼の問題行動の意味は、ささくれた気持ちを虫や動物を相手に八つ当たりしているところから彼自身も変わっていきたい、という願いのあらわれであり、そのために助けてよ、というメッセージでもあるのかもしれない、と考えていました。

＊

さて、彼はひとしきり箱庭で戦艦等の説明をした後、次にプレイルームの棚を見て、四駆のラジコンを「これ、好きなんです」と言って手にとり、走らせます。「自由にしていい」という、ここでのルールを彼はすでに理解していたので、今度は自分から自由自在に動いています。しかしうまくコントロールができないので、すぐに壁やモノにぶつかります。でも、そんなことには全く頓着しません。さらに、あちこちの棚をのぞきながら、カーレースのレーンをつくり、そこにチョロQを走らせようとします。ちょっと前にあれだけすくみあがっていた彼にしては、あまりに自由奔放です。もちろん、それは悪いことではありません。ただもしも、先で『ちょっと懲りた』なら、もう少し壊れないように慎重に車を走らせるということが起こっても、この年齢ならばよさそうです。でも彼は全然、そういう雰囲気ではありません。先の『壊したかもしれない』事件は、すでに過去のものになっていて、頭の片隅にもなくなっているのかもしれません。親ごさんが何度叱っても、学んでいってくれないという嘆きは、こういう『喉元すぎれば熱さ忘れる』というようなことなのかもしれないという感じを、私は抱きながら彼の横にいました。

チョロQはそもそも、レーンをはずれて勝手に走ってしまうものなので、レーンの上をうまく走らせることができません。彼はどうしたものか、しばし棚を見ていました。先の自分で手にとるという行為からも、何かをして欲しくなったら、私が手伝ってくれる人であることは、わかっていると思ったので、私は何も言わず、じっと横でスタンバイしていました。と、彼は車の立体駐車場を見つけました。でも、レーンがはずれて壊れていました。「あれっ」とちょっとびっくりしますが、これは明らかに自分が触る前に起こっています。そこで私は「大丈夫。もともとこうなっていたの。先生直してみようか」といって直しました。直ったところに彼がさっそくチョロQをもってきて、それを駐車場に入れ、うまく上からくるくると走らせて出口までたどりつきました。

先のラジコンの操作で、自分にはコントロールがうまくできないという課題があるということを、私に教えてくれたと私は感じていたわけですが、さらに今の、チョロQのようなスピードのある車を、カーレーンに走らせようとした動きから、私は彼が、「僕ってどうやっても状況的に困難で、かつミスマッチなことをしちゃうんです、それが僕なの」と私に自己紹介して見せてくれたように感じました。でも、最後の駐車場での出し入れをスムーズにやることができたことからは、「いろいろ大変なんだけれども、僕は何とか、自分の情緒を出したりしまったりできるようになりたいんだ」という未来への希望を、そしてそうなってゆきたい自分の意欲とその可能性を、示してくれたように感じました。初回の出会いでは、このように、本人の心理的なテーマがすべて現れ、セラピーで目指してゆくものがはっきりと示される、と私は受けとめて読んでゆきます。

ここまでで時間は三〇分ほどたっていました。そこで私は、「先生、お話ししてもいいかな?」と尋ねたところ、彼は突然、「僕のこと〇〇って呼んで」と。「ん?」ととっさに聞き返したところ、「人がみんな僕のこと、そう呼ぶの。ちょっとおっちょこちょいな子だから、みんなにそう呼ばれているの」と。彼はうれしそうに、ニックネームを教えてくれながら、私のほうにしっかりと向きあって座ります。話を聞いてくれる姿勢です。自分のことを大事にしてくれる関係に対しては彼は本当に邪心のまったくない、素直で、人なつこさを見せる子だなあと、私はあらためて思います。

私はまず、彼が保健室に行くといっていたので、どうしてそこに行くようになったのかを尋ねました。そうしたところ彼は、「あのね」と次の内容をしっかり話してくれました。それによると、彼は一年生の時は学校でいろんなことがよくわからなかった。二年になったら、もっとよくわからなくなって学校で荒れたりした。その頃、鉢植えの鉢を教室で投げたの。そうしたらガラスが割れて、みんなに家にいる(自宅待機)ように言われたの。どうするとガラスが割れるのか、その時にはまだ僕はわからなかったの。四年になったら、もっといろんなことがわからなくなって、算数は、そこから通級に行くようになったので、少しはわかるようにはなったんだけど。そうしたらクラスでも楽になってきたの……と。聞いているだけで、彼が学校でわけのわからなさの渦のなかで、ただ混乱していったのだろうということが伝わってきます。私はそこで「学校でイライラしたり、カッカして困ることある？」と聞いたところ、「うん」と。そういう時はどうするとかと尋ねると、「わかんない……」。「自分でもわかんなくなっちゃう？」には、「うん」と素直にうなずきます。

私の連想③　私は彼の話を聞きながら、胸がしめつけられ、『傷めつけられたウサギ』ということばとそのイメージが浮かんできました。学校で最初からよくわからない事態が続いてきたということが語られていて、人があたり前のようにわかることの中に、彼にとっては、わからないことがあるらしい、ということが見えてきます。お母さんから、小さく生まれて発達はゆっくりだったということを聞いてはいましたが、彼の話からは、ごく軽い程度の知的な理解の困難さがあると考えるのが、自然な発想のように思われました。それはいわゆる、心障学級（現在の特別支援学級）に行くほどではないけれども、通常学級に在籍して勉強や生活をしてゆくためにはむずかしさがあり、必要なところで若干の手助けが欲しい、いわゆるグレーゾーンの子どもであるという可能性です。この私の連想は、いわゆる知能検査をとらなくても、子どもの話を聞いていくなかで推測できることですし、通知表の成績や学校からの様子を知らせる記載からも、おおよその予測はつくものです。そして親もまた、その可能性はわかっていないわけではないものの、いつかはきっと平均的な発達に追いつくに違いないと願い、うまくいかない部分は見ないようにしてきた、のではないかと考えました。

これまで描いてきた、彼の幼さや、こころのある種の単純さは、彼にごく軽い知的な困難さがある、と考えると何となく腑に落ちます。でも、彼の一瞬みせるあの賢さからは、知的な理解の困難さを想像することはできません。おそらく彼は自分に関することや、関心のあることは一生懸命理解しようと粘り、考えるので、それが賢さとして外に現れるのだろう、一方、自分にとってどうでもよいことは、考えようともしないので、それはどうでもいいのだろう、両者が混在する理由は、ここにあるのではないかと後で落ち着いて考えました。でも彼は外側からは、知的な困難さがあるようには到底思えず、優秀な子に見えてしまうので、いっそう、彼が何度言ってもわからない、ということを人が理解できない、ということが起こっているのではないだろうか、と考えました。彼はおそらく、背伸びをしていて、いつもいつも、いっぱいいっぱいの状態にあるのだろうと思い、その彼が背伸びをしないで、自由に自分の素でいられる環境があることが、まず彼にとって何よりもサポートになるのだろう、とも思いました。

＊

私は「お話を聞いていて、やっぱりあなたは、ずいぶん学校で苦労しているんだなあ、って先生思いました。そしてこれまで、よくやってきたんだなあ、って胸が熱くなったの。がんばっているのね。すごいことだと先生思います。先生はあなたの話を聞いていて、まずは学校やお家で、よくわかることと、よくわからないことの両方あるのではないかなあって思ったの。そしてなぜそこで叱られるのか、よくわからないこともあるのだけど、でも、どうして叱られているのかは聞けない、っていうことも多いのではないかしら。（彼は静かに聞いています）もしそうだと気持ちはいらいらしたり、カッカしたりするものよね。でも、カッカしたりイライラするのは辛いことだと思うのね。先生は、あなたが、もう少し安心して生活できるといいんじゃないかなあ、って思ったの。で、そのために、ここに来て、こうやって先生と遊んだり話をして、相談できるといいんじゃないかなあ、って思っちゃったの。どうかしら?」といったところ、迷いなく即座に「来る来る」と言ってくれました。私はほっとしながらも、同時に、先の説明は長すぎて、彼は途中からどうでもよくなっていたなあ、これからはもっと短く、わかりやすく言おう、と反省しました。来院のペースは自分ではどうしたらいいかよくわからない、ということだったので、それはお母さんと学校とで相談して、それから彼に相談するという約束をしました。

そしてプレイルームから出て、彼は「来たい」といってくれたので、よかったらこちらに継続的に相談においでになりませんか、とあらためてお母さんに尋ねたところ、お母さんは「まさか!」という表情で彼を見て、「来るの?」と尋ねたところ、彼は「うん」と。予想外の返事だったようで、あらためてお母さんが「あんた本当に来たいの?」と思わず声を大きくして言い、それに対して彼が再び大きな声で「うん来たいの!」とはっきり言う、というやりとりがありました。

この時お母さんは、最初とは別の意味で、今度は子どもにひっぱられて仕方なく、相談に来させられることになり、こうして彼とご家族とのセラピーがはじまりました。お母さんは、去り際に私に「ふつうの子でしょ!」と捨てゼリフを残して帰りました。そこには「彼が来たいというから仕方なく来ますけど、私は本当は来たくなんかないんです」、というお母さんの強い拒否の気持ちが込められているのを感じました。その時の私は、浅はかにも、とにかく彼が来てくれることになったことにほっとしてしまい、お母さんへの配慮は、ふっ飛んでいました。一度おいで下さい、と言ったことをこの時私はすっかり忘れていたのでした。そして以降、お母さんの胸の痛みをどれだけ自分が受けとめることができ、お母さんからも「来てもいい」と思っていただけるようにできるか、ということが、このセラピー継続の鍵になると、身のひきしまる思いで考えていました。こうして以降、小学校を卒業して中学に慣れるまでの一年間は週一回のペースでプレイセラピーと親面接で対応し、それ以降は、時宜に応じてというペースで、中学を卒業するまでの四年間、私はこの家族に関わりました。

では一体、彼は、なぜ来ることを了承したのでしょうか。ただ遊ぶことが楽しそうだったから、という単純な理由は、当然のことながらあるでしょう。そして、それだけでなく、このプレイルームという場とその雰囲気のなかに、彼がほっとできる空気があり、それが、自分がいつもいる場と違う感覚を確かに嗅ぎとったからではないか、とも考えます。はじめてのプレイルームで私が彼に対して細心の注意を払って提供したもの、それは、自由であること、自分のしたいことを自分のペースでしてよいこと、決して怒鳴られないこと、落ち着いていられること、必要なことはていねいに説明すること、彼の言うことをきちんと聞くこと、あしらったりしないこと等々で、それらはおそらく、彼の日常生活のなかでは得られてはいないものだったのではないか、と思います。だからこそ、彼は「来たい」という、きわめて積極的な来談動機を、もちえたのではないかと思います。何より、私の『傷つけられたウサギ』という私自身の思い入れが雰囲気のなかで伝わり、それが彼に『わかってくれている』という感じを起こさせ、以降、セラピーにのめりこんでいく起爆剤になったのではないかと思います。

この時はまだ、種々の事件に関しては、まだ私は何もわかってはいませんでした。タバコを吸う、警報ベルを鳴らすのは、単純に面白く、いわゆる刹那的な気持ちの発散、という感じもします。虫をいじめるのは、もちろんよいことではありませんが、自分のいらだちをあてつけて発散させたと考えると、彼のシンプルさと呼応します。そういう小さないじめは、秘かな快感を伴うので、くり返されていたのかもしれません。もしそうなら、これらの問題行動は、彼の周囲の人々との関係が改善し、安定してゆけば、しなくてすむようになると思いました。この後学校から連絡が入り、彼の知的な能力は、やはり私の想像通り、若干の難しさがあることがわかりました。

以上のことから私は、彼のことを、おそらく精神的にぎりぎりのところで精一杯、背伸びをしてきた、やさしく、それなりに一所懸命な子どもだと思いました。そして、わかることとわかりにくい、もしくはわからないことが混在する日々の生活のなかで生きていること、でも何が問題なのかが彼自身、わからないのでいらだち、やけくそにもなり、その気持ちを他者との間でも分かち合えない淋しさを抱え、そういった種々の感情が社会的な逸脱行動として顕在化しているのではないか、という見立てをたてました。それを改善するためには、彼の環境の調整が必要でした。学校で保健室や通級を活用しているのは、とてもよいことだと思われました。加えて、学校で受けとるであろう心理的負担を減らすのがとりあえずはよいだろう、そのためにセラピーに来る日は午前中で早退する、というような調整をしたらいいのではと思いました。これは彼とお母さん、そして学校からも了解をえることができました。そしてセラピーで彼のペース、彼自身がわかるように物事が進んでゆくなかで、セラピストとの関わりを通して、他者との間で自分の話や気持ちを分かち合うことができるという体験をすること、それらを通してこころに栄養補給をしてゆくことが、何より彼の精神の安定をもたらすことになるだろうと思いました。

その後の概要

彼のセラピーで、まず私は、問題を解決してゆくために、彼がここで自分が守られていると感じられ、自由に自分を表出することができる関係をつくることを、そしてお母さんに対しては、自分のためにも来るという関係を育ててゆくことをめざしました。お母さんは何度来ても、ここでは責められないとわかってきたことと、彼がすぐに「ここに来るのは楽しいと言った、そういうことをこの子が言ったのは初めて」と語り、ちょっとずつ肩の力が抜け、セラピーに来ることへの葛藤が低くなっていくように感じました。

親ごさんが周囲から相談を強いられて来させられる、ということを、私はしばしば体験しています。とはいえ、このお母さんの嫌悪感はケタ外れのものでした。だいぶ後になって、両親は正直で気の小さな善人で、世渡りが上手ではないために、大事な時ほど動けずに誤解を受けやすい人であるということがわかりました。その時はじめて私は、この初回の頃の尋常ではない硬さが、学校や地域から崖っぷちまで追い詰められての反応だったと理解しました。

彼は二回目には、箱庭の中に戦艦やトラックを入れて戦争シーンをつくり、以前プラモデルに夢中になって父親と一緒につくった作品が、コンクールで一等になったという、おそらくはファンタジーを語り、一ヵ月経つとカーレースのレールを組み立て、操作するものの、うまくレールの上を車が流れず、チョロQも走らない、というような、『とどこおる』プレイをしていました。四ヵ月ほど経つとブランコをこぎ、ビッグボールに身体を預けるなど、プレイルームで全身を使って遊ぶことができるようにもなり、心身共に、自由に動けるようになってきました。同じ頃、プラレールを組み立て、三両編成の列車を三つ作り、駅で一時停車させながらすべての列車をバランスよく走らせることができ、とどこおっていた頃に比べて、ここでもまた、自由になってきた感じが出てきました。また、まだ下手だけれども、プレイルームの中の壁にあたらないようラジコンを操作する力も、徐々に育ってきていました。

この頃には、彼の数々の問題行動は徐々に消失し、彼のあやしい姿は地域で目撃されなくなっていました。彼の調子が悪い時には、どこにいても目立ってわかるのだけれども、落ち着くと、どこにいるのかまったくわからなくなるということがあって、それで好不調がわかるのです。お母さんも、やっと、彼を少し扱いやすくなってきたと、しみじみ語ったのもこの頃でした。このように、とりあえず問題は鎮静化しましたが、以降も学校などで何か小さなトラブルがあると、不穏な行動がみられるというように、問題が完全になくなった、という状態にはなかなかならず、それでも基本的には落ち着いた状態のほうが多くなってきていました。このように、何か心理的に抱えきれなくなると、問題行動が起こるという両者の関係が明確になってきました。そして半年の間でこれだけ急速に変化したということは、彼のSOSのメッセージが受けとめてもらえなかったために、問題行動になったのだろう、と私はあらためて感じました。そこで、彼が言いたいことや、考えていることをまずは彼自身が摑んでゆくことと、私もセラピーのなかで思ったことを親ごさんに伝えたりしながら、周囲が彼を理解できるようになるといい、と考えながら関わってゆきました。

そうしたところ、家の中でも小さな変化が起こってきました。幼い頃、親に可愛い服を着せられて嫌だった、というような親に対する過去の不満を、お母さんに語るようになったのです。お母さんは今頃言われても仕方ない、と当惑していましたが、言えるようになったことが大事だから、黙って話を聞いてあげてくださいとお願いしました。そういう彼の文句を聞いていくなかで、お母さんは、自分たち両親は、とにかく頭ごなしに彼を力で抑えてきたのが悪かったのかもしれない、と語るようにもなりました。そこで彼が育つために、時間はかかるけれども、じっくり見守りながら、これからは力でではなく、彼が自分で我慢する力を育てていきましょうと伝えました。この頃、お父さんも自分の対応について相談に来るようになっていました。

九ヵ月ほどたつと、プレイの中では壊れた玩具を、自分からドライバーをもって直そうとする修理のプレイをするようになりました。でもまだ、ちゃんとは直りません。さらに、ラジコンを操作するものの、バッテリーが切れていたり、複数あるラジコンのどれもが電池切れといった具合で、エネルギーがなかったり、エネルギーが本体から切り離されている、ということを象徴すると思われる遊びが展開しました。でもある時彼は、ドアが壊れていたパトカーを見つけ、けっして上手ではないけれども、セロハンテープで応急処置をして直す、ということができました。私はここに、彼にはうまくできないことが沢山あるけれども、それにつぶされてしまうのではなく、何とか自分なりにできる対処を工夫していこうとする彼が育ってきているという、小さいけれども確かな手応えを感じていました。

このあたりまでは大分安定してきていたのですが、中学選択をめぐって、学校側と両親の意向が対立し、それを機に彼の状態は一気に悪化しました。外で問題行動が再び現れ、友だちが僕の悪口をいっているなど、被害感もでて、精神的にぴりぴりした状態になりました。私も彼と学校のことを話しましたが、彼には具体的なイメージが描けないようで、混乱で冷静に考えるのがむずかしい状態でした。ご両親もまた、頭ごなしに言われると被害的になり、うまくかわせずに巻き貝のように何重にも内巻きになって、外側からの関与を一切受けつけなくなっていました。自分たちと違う意見を強く押しつけられると、いっそう耳を傾けることはできません。対話の可能性がますますなくなってゆくのです。私は学校に、家族の意向を尊重してほしいとお願いする橋渡しをしました。

ちょうどその頃のエピソードです。以前は彼がよくないことをすると、すぐに殴っていたお父さんだったので、私は絶対に暴力を振るうのはだめ、それでは言いたいことは伝わらないので、手を変えるようにとお願いしていました。ある時、家でお父さんの財布から一万円札を抜き取り、それを問うても反省するでもなく、かえって反抗的な言い方をしたことから、お父さんがキレました。でもこの時お父さんは、拳をぶるぶる震わせながら、「田中先生に暴力は絶対だめだと言われているから殴らないけれども、本当はお父さんはお前を殴りたい気持ちなんだ！」と大声で叫んで、でも結局は殴ることはしなかった、という話をお母さんから聞きました。彼は震えながら、そのお父さんをじっと見ていたそうです。私はこのエピソードを聞きながら、お母さんの気持ちが、確実に私に対して開かれてきていることを感じ、彼もまた、このお父さんの言動から何かを感じとっただろうと思っていました。この家族はみな、うまく自分の気持ちをことばで現すことが本当に苦手で、ぎりぎりまで我慢しては爆発し、大きな行動になる、という傾向をもっています。でも彼もお父さんもお母さんも、行動する手前でことばによってやりとりしようとする関係に、変化しつつありました。

結局、中学校は、親ごさんの意向が通り、一応の解決をした六年生の三月のプレイでは、プラレールを部屋いっぱいに大きくレールをつくり、三つの六両列車をつくって交差させながら動かそうとしたのですが、重すぎてうまくカーブを曲がれません。動力車のパワーが弱いのです。彼はあれこれ模索しながら、最終的には車両を三両に減らして身軽になり、その結果、列車は自由にレールの上を走りぬくことができました。三月最後のプレイでは、箱庭をしたのですが、飛行機と戦車を対決させ、その間に、人間を二つに分けて敵味方に配置し、戦場をつくりました。両陣営の人々を、睨みあうように置いてゆきます。彼は少しは身軽に動くことができるようになったものの、まだまだ新たないくさが続いている、ということを象徴するような箱庭でした。

中学は何とか無事に滑りだし、四月に来た時には、小型のラジコンを見つけ、動かないので解体し、原因を発見して動くように試みるという修理のプレイをしたり、ラジコンをとりだして、走らせます。でも、ただ部屋の中を走らせるのではなく、プレイルームのなかにポールを複数立て、そこをラジコンがすりぬけて走る、という高度でスリリングな遊びをするようになりました。このプレイは以降、ずっと続くことになりました。実際には何とかポールを倒さずにすり抜けたり、途中からポールがどんどん倒れてしまったり、倒れると彼がポールを立てて、そこをうまくすり抜けて……、というプレイを繰り返し、まさに大変な道を走っている自分、うまくいかない自分、でも失敗したらやり直して何度でも頑張る自分、でも大変で……という彼の課題がそっくりそのまま、遊びのなかに現れていると私は感じながら、私も一緒にポールをたて直したり、はらはらしたり、うまくいくと一緒に喜んだり、というように彼と情緒の共有をしてゆきました。

そうしたところ、五月には、彼はブランコに乗って小さく音楽をかけながら、ゆっくり揺れるなど、しっとりと落ち着いてゆきました。この頃にはだいぶ学校にも慣れ、ペースもつかめてきているようでした。中学に入ってからは、彼のセラピーの送迎はお父さんがしていました。あの握り拳の事件以降、父子の関係はかなり風通しがよくなり、最近ではお父さんが帰ってくるのを待って、一緒にお風呂に入るのを楽しみにするようにもなり、家庭の中は、小さな平和が訪れてきたように思われました。

そんな一家に再び大きな事件が起きたのは、子どもたちが高校進学を口にするようになってきた中学二年の冬のこと。ある朝家の前を掃除していて、枯れ葉を集めたところを、近くを通った近所の子どもたちが、わざと集めた葉を蒔き散らかしたということで、それを怒った彼はその子どもたちを殴る蹴るの暴行をし、怪我をさせてしまったのでした。これまでの彼だったら、そのまま黙って学校に行ったのでしょうが、この時彼は、家に戻ってすぐに自分のしたことをお母さんに報告しました。それはよかったのですが、そこから先が、問題をこじらせました。彼から話を聞いたお母さんが、学校に連絡を入れたり、その子どもたちの家にお詫びの一報でも入れることができればよかったのですが、実際にはお父さんに連絡し、お父さんもすぐに帰宅したものの、二人で呼び出されるまで自宅で二日間、じっとひっそりと待機していたのです。その結果、事態はこじれにこじれ、何も対応しなかったと家族は周囲から一斉に非難を浴びました。何かが起こると内巻きになってしまい、本当に動けなくなるという、家族の課題の根深さが顕在化した時期でした。そして彼がこの時、怒るのは無理もないことであったとはいえ、暴力を振るったのは正当化できることではありません。そしてもちろん、その背後には、自分の将来に対する不安が強く関係していると思われました。

ちょうどこの頃、セラピーに来た時お父さんは、彼が極小未熟児で生まれた頃のことを話してくれました。救急車で運ばれて、自分は彼が死ぬだろうと覚悟した。でも耳が聞こえる、目も見える……、とひとつひとつ大丈夫だとわかってきた。そうしたら自分のなかに欲がでてきて、勉強もできるに違いないとか、そうやって、いろんなことを押しつけてきてしまった。それが彼には厳しかったのだろう、でも今、家族みんなで原点に戻ればいいんだと思うんです、とお父さん。横でお母さんもうなずいていました。

確かに事態がこじれると、周囲からはこの家族のよい部分が見えなくなり、動けない部分ばかりが表に出て誤解されます。そしてこの親が問題だと世間からは非難されてしまう事態になります。でも、このように、社会への適応にむずかしさをもっている家族を、追い込んでゆく社会の側の問題は、いっさい問われることはありません。こういうことはおそらく、基本的にはこれからも続いてゆくのでしょう。でも、原点に戻ることができたこの家族は、私が出会った当時と比べると、格段に互いの間の風通しがよくなり、穏やかでやさしい空気が通い合うようになっています。内側に抱える力も器も、少しずつ大きくなりました。ご両親はこれからもいろいろあるだろうけれども、姉娘も含めて、家族みんなで彼のよさも弱さも徐々に理解できるようになってきたと語り、そんな自分たちが、ゆっくり楽に過ごせる場として、彼の高校を考えようという雰囲気になりました。彼の将来を柔軟に考えることができるようになり、彼は、背伸びをしなくてすむ高校に進学しました。自分たちでこれから何とかやってゆけそうです、と最後に会ったお母さんの顔には、この嵐のような数年間を何とかくぐりぬけてきたという小さな自信のようなものが見えていました。相談したいことが起こったらまた来ます、ということでセラピーは終わりました。

より子のケースから

よりちゃんは生まれた時から目が見えず、知的障碍をもっていました。いわゆる何かしらの『障碍』がある場合、療育や教育的指導を受ける機関はあっても、彼らの心理的な問題を受けてくれるセラピーの機関は、ないかあっても少ないのです。障碍が重複している場合はその受け皿がいっそう少ないというのは、残念ながら、昔も今も変わらないのが実情です（このケースでは、私の連想はケースの流れのなかに組み込みました）。

相談できる場所を探しまわったお母さん

よりちゃんは七ヵ月の早産でうまれた、小さな小さな赤ちゃんでした。生まれた時から目が見えず、そのために親ごさんは早くから療育機関に通い、就学前から盲学校附属の幼稚部に在籍させました。ことばが出たのは三歳をすぎてからと、彼女の成長は全体にゆっくりとしたものでした。幼稚部では一人遊びの世界を好み、ひとりの先生にしがみついて独占し、子どもたちが近寄ることをとても怖がっていました。

盲学校の小学部に進学してからは、一年生の時は勉強しないで遊んでいました。担任の先生が彼女のことをまだ、勉強に入る準備段階だと捉え、ゆったりしたペースで学校に慣れていくといい、と考えてくれていたからです。お母さんはそのことに感謝しつつも、彼女が勉強に向かわないのは、彼女が勉強を拒否しているからなのか、能力から無理なのかと悩んでいました。そこでお母さんは、知能検査をとってもらおうとしたのですが、彼女は検査に対しては一切答えず、そのために測ることができなかったということでした。

二年になり、担任の先生が少しずつ勉強を導入するようになると、思うようにならないと物にあったり、壁に自分の頭をがんがんぶつける、という問題行動がでてきました。頭を打ちつけるのは、周囲がとめなければ、いつまでも続けています。ほかにも、彼女には数字へのこだわり、音を怖がる、子どもが近づくとパニックになる、等の心配なことがありました。また彼女は声が小さくこもるうえに、ごにょごにょ言っているので、周囲は聞きとることができません。二年かけてやっと少し、周囲のおとなたちが聞きとれるようになったものの、あいかわらずわからないことばが多いのと、自分の世界をつくり、一人でぼそぼそしゃべり、一人で遊んでいるので、お母さんはもっと、みんなと一緒に関わって欲しいと願っていました。これらのことから、心理相談をしてくれる機関を探したものの、あちこちの機関で「そういう障碍があるとセラピーでは対応できません」と断られ、人から聞いて私のところに来院されたというのが経緯でした。お母さんがこの頃、一番気になっているのは、彼女が最近「私は目が見えるの」と言い張るようになったことで、それに対してお母さんが、「いえあなたは目が見えないの」といって、両者の間で言い争う機会が増えていることでした。

ぎゅっと握ったあったかい手

さて、電話予約の際に、盲学校に通っていて、知的障碍もある小学二年の女の子の相談、ということだけを、私は聞いていました。待合室に行くと、ちょっと斜め前に視線を落としてうつむき、杖を左の手にもっているやせっぽちの女の子と、その隣で前を向いて座っているお母さんがいました。二人共、はじめての場なのでちょっとひきしまった感じはあるものの、でもなぜか、不安も緊張もあまり感じられません。むしろその周囲には、ほんわりと、やわらかい雰囲気が漂っています。神経科にはじめて来る人々は通常、緊張と不安と、『本当はこんなところなどに来たくない』というまっとうな反発心が、自然に表にあらわれています。なので私はこの『ふつうの感じ』に、ちょっと違和感を感じました。よりちゃんはこの時、自分の片手で杖をつき、お母さんにもう一方の手をひいてもらいながら、面接室に移動しました。

三人で入った面接室で私は、「今日はよく来てくれましたね。来るのにいっぱい時間かかったでしょう。お疲れ様。ここはこころの病院なの。子どもの治療のお部屋は、遊ぶお部屋なの。そこに後よりちゃんと先生が一緒に行きたいと思っています。でも最初に、お母さんが、よりちゃんのことを心配して、相談に見えたと聞いているので、まず一緒に聞いていてください。そしてもし何か、言いたいことや違うなあっていうところがあったら、教えてください」とお願いして伺いました。この私の話に、彼女はウンと首をたてに振って、静かに聞いている様子でした。最初から親子を分離させるより、『最初は一緒』にすると、何をしに来たのかということを、親子、そしてセラピストがみんなで共有できるので、私はこのようにすることが多いのです（これは『同席治療』のスタイルで、『母と子のこころの相談室』に詳述しています)。

この時、私は面接室で、お母さんとよりちゃんを前に、三角形になるように座っていました。冒頭に書いた相談の概略をお母さんからうかがった後、私は「今のお母さんのお話を聞いていて、より子さん、小さい時から、いろんなところで治療や療育を受けてきたのね。えらいなあと思います。ここは病院なのだけど、ここは聴診器やお注射をするかわりに、遊ぶという治療をする不思議な場所なの。で、先生は今から、より子さんとも一緒に遊びたいと思っています。遊びのお部屋に今から一緒にいきません(か)……」と最後まで言わないうちに、彼女は私のいる方向に右手を伸ばし、私を求め、左手に杖を持ったまま、私と手をつないで立ち上がろうとします。この時彼女が、すくっと立ったのは、『次は私の番』と待機していたということでしょう。おそらくは、これまでの病院での体験から、親が話をした後は自分の番だということを学んでいたのだと思いました。本人はすでにお母さんは、一緒に行かなくていい、という雰囲気です。そこで彼女に「お母さんはここで待っていてもらう?」と確認したところ、一瞬の迷いもなく「待ってる」と、ちょっと高いトーンの返事がかえってきました。

そこで私は彼女と二人でプレイルームに出かけました。もちろん、廊下と階段を歩く時、私の手をぎゅっとしっかり握りしめています。これも、ただ、不安からくるしがみつきとは何かが違います。不安はある、でも委ねようという信頼感のようなものも同時に私は感じました。もうひとつ、彼女の手はあったかでした。緊張していると血のめぐりが悪くなります。彼女はすでに、安心して私と歩いているのだなあとも思いました。複数の病院で、彼女は何度も命を助けてもらったり、よい手あてをうけているんだろう、だから病院の先生は私の味方、大丈夫だという基本的な信頼感のようなものがあり、それが母子共に『ゆとり』のようなものをつくりだしていたのだろう、待合室でのリラックス感は、そのあらわれだったのではないか、とこの時私は、あたたかい手を握りながら、ぼんやりと感じていました。さらに私がお母さんと話していた時に、彼女はちゃんと私を観察しており、その観察からも、私のことを怖がらなくてもよさそうな人だ、と判断したので、私との間にも、よい雰囲気が早期にできたのだろうと考えました。そして私は歩きながら、ここは廊下で、次は短いけれども階段になる、ということをことばで彼女に添えながらプレイルームまで行きました。ここではひとつひとつ確認しながら前に進むというように、彼女の用心が働いています。つまり、彼女は病院という自分にとって守られた空間のなかでは、ひとに対する用心よりもモノに対する用心のほうが、強いことがわかります。

プレイルームに入った時、私は一応、自分の目で捉えた大枠を伝えました。むこうにトランポリンがある、こちらの横には一面に棚がある、棚のなかにはそれぞれ、おもちゃが入っている、等のことです。私が全体を言う間、彼女は斜め下をみていました。頭のなかで付図を描いているのかなあ、というようなことが、その時私の頭に浮かんでいました。私の簡単な説明がひと段落したところで、彼女はひとつひとつの棚を杖でさわり、中にあるものを確認します。彼女が玩具を手にとって確認するためには、両手を使うことが必要で、そうなると片手で私の手を握っていることはできません。私は、彼女の斜め後ろに位置して、声で私の居場所がわかるように、そして離れないようにと注意して、彼女が次第に部屋の中に慣れてゆけるようにとこころがけました。そしてここはお人形さんたち、プラレール、楽器、と私はことばを添えてゆきました。でも彼女は、棚のなかのおもちゃを手でさわるのではなく、主に杖でさわって確認しました。手が出ずに杖でさわるということは、杖が手の代用をしているようにも思えましたし、まだ手を出すのは早いので、とりあえず杖から導入をはじめている、ということのようにも思われました。

ひとしきり棚をチェックした後、反対側にあるトランポリンにむかい、ここではじめて、杖ではなく、しっかりと自分の手でさわりました。トランポリンにのったところ、そこには先に大きなぬいぐるみの犬が乗っていました。私は、ハスキー犬の大きなぬいぐるみがいます、とことばで言ったところ、彼女はぬいぐるみの耳を自分の指で直接つまんでみたり、背中をさわりました。この、トランポリンのところでプレイルーム全体の三分の二ほどをまわったことになります。(あとは隅に箱庭の棚と箱庭の道具がありました)。プレイルーム全体の構図が少しわかってきたのでしょう。今度はトランポリンを降りて、トランポリンの上にビッグボールを、自分の手でのせようとします。でもボールが大きすぎてのせることは困難です。そこで私が「手伝う?」というと「手伝う」とキーンと高い、おうむ返しではないけれども、そっくりそのままのことばが返ってきました。そこで手助けして乗せたところ、さらに、トランポリンの上に乗せたビックボールの上に自分が乗ろうとしています。そこで「乗る?」と聞くと「乗る」と返事がきました。でも当然ですが、こわごわです。そこで、できるだけ彼女が自分で乗った感じをもてるように、危ないところだけ最小限に手伝って、彼女はその上に座りました。最初のうちは私の手を離しませんが、ちゃんと乗ると、おそるおそる手を離しました。ひとりで彼女は高いところに座っています。言いませんが、「やったー、恰好いいでしょ」といった感じです。そして、そこからプレイルームを一望しているかのようです。この時私は、彼女は本当に、目が見えないことが悔しいんだろうなあ、と思い、胸のなかに熱いものがこみあげてきました。

さて、ビッグボールの上でひと息ついてから彼女は、私の方に手を伸ばして「降りる」と、動作に声を添えました。そこで手助けをして降りました。そうしたところ、その場で「人形」とひとこと発します。そこで私は彼女のところに人形のカゴをもってゆきました。彼女は両手で人形を包み込んで、その人形の大きさや髪の長さなど、全体を把握しようとしていたので私が「これは赤ちゃん、これはお姉ちゃん……」とその大きさにあわせて言うと、「赤ちゃん、小さい」とその私の説明を承認するかのように、ことばが返ってきました。ただのおうむ返しのようなことばから、自分でもちょっとだけ、自分のことばを加えるようになっています。ここで私は、大まかな病院そのものへの信頼感というところから一歩進んで、私というセラピストと彼女との個人的な関係に入ってゆきそうな雰囲気を、感じていました。

次に彼女は、「赤ちゃん、かず、かぞえて」と。そのカゴのなかにある赤ちゃんが全部で幾つあるのかを教えて欲しい、と依頼してきました。私は「一、二……、で全部です」と数えてゆきました。プレイルームを自分なりにさわって確認し、さらにビッグボールで身体をゆすって、少しプレイルームで自由になった彼女は、さらに次には「赤ちゃん大泣きして」「ネコの泣き声真似して」など、私にしてほしいことを言う、要求が出てきました。このように、人形に何かをさせたり、何と言っているかを私に言わせる遊びは、これ以降ずっと続くプレイになりました。このようにさせたいことを言いながら、赤ちゃんにオッパイをあげて、という依頼がくるのでそうすると、彼女は「哺乳瓶の中は与えてもらえても、中は何にも与えてもらえない、つまり要求は叶わない、という状況になる、というプレイもくり返しました。これは赤ちゃんにとって、意地悪な状況です。彼女は自分の欲しくて得られない、という状態を私に伝えようとしつつ、同時にそこに端を発するのであろう、人に対してやさしくなれず、意地悪い気持ちになる自分を、「私はこうなの」と自己紹介しているように感じていました。

カラッポなの」といい、

彼女はこのあたりから、横にいる私に聞こえるか聞こえない程度のひとりごとを、たくさん語るようになりました。まるで彼女が呪文を唱えているように聞こえてきます。それを横でずっと静かに聞いていくと、このひとりごとをいっている瞬間、すぐ横にいる私は消えてしまい、『ひとりぼっちの世界』にいるのではないかという感じがしてきます。というのはこの時、私のなかに、私が彼女に一緒にいることを拒まれたようで、ちょっと淋しくなったからです。でもそれは、わざと意地悪をしている感じではありません。ちなみに、お母さんからの話では、幼稚部でも小学校でも、彼女はひとり遊びをしながら、ひとりごとを言っているということです。あらためて目がみえない彼女にとって、世界がどのように映っているのかを考えると、私は、今まさに彼女がプレイルームのなかで私を介してとりいれた膨大な素材を、ひとりの世界にはいって、何とか整理し、自分なりに理解しようと、一生懸命とりいれの作業をしているのではないか、そのためにひとりになる必要があるのではないか、という連想が浮かんできました。もちろん、ひとりになりたい時にも、ひとりごとの世界はあるでしょう。しかしそういう時だけでなく、こういう他者といる時にでも、彼女は必要な時に、自由に『ひとりごとの、ひとりの世界』にはいってゆくのかもしれない、とも思いました。このように簡単に、ひとりの世界にはいることができるのなら、私は彼女がひとりの世界と二人の世界を、自由に行ったり来たりすることができるようになれば、彼女の世界はもっともっと豊かにふくらんでゆくだろう、と思い……こういう連想をしながら、私はじっと横にいて、このとりいれの作業を黙ってじっと見守りました。

と、そろそろ時間が来たので、私は「あのね」と切り出して邪魔をしますということを伝えてから、時間になったことを言い、「またここで遊ぼう、待っているから」とだけ彼女に対して伝えました。そうしたところ、彼女も「うん」といい、私に手をだし、ぎゅっと握って、私に体重をあずけながら立ち上がりました。今回のこの『ぎゅっ』に、私は彼女からの親愛のあらわれとしての『ぎゅっ』を感じ、「どうぞ、これからよろしくお願いします」という挨拶を受けたように思いました。そこで私も、「よろしくね」とことばを添えながら『ぎゅっ』と手を握り返しました。プレイルームから出た彼女はお母さんに、「遊んできた」「また来る」とうれしそうにちょっと高い声で言いました。こうして彼女のセラピーは始まりました。

彼女にセラピーを受けさせたいと願ったお母さんの直接の動機は、二年生になって、思うようにならないと頭をガンガンと壁に打ちつけたり、物にあたる行動がでてきたことでした。ただの反抗からくるのか、能力的な問題なのかわからなくなり、親として彼女にどのように接したらよいのか、ということを親ごさん自身が悩んだことと、子ども自身もさまざまな負荷が心理的にかかっているであろうことから、それをやわらげてあげたい、という思いがあってのことでした。自分でもおそらくは、ほかの人より、自分が知的に遅れていることは、勘のよい彼女には、十分わかっていたことでしょう。だからこそ余計、知能検査など、したくなかったのだろうと思いました。

初回のお人形さんのプレイから私は彼女が、ほかの子は目がみえるのに、自分だけは目がみえない、どうしてそうなの？　というまっとうな疑問をもち、さらにこの違いに由来する、自分には年齢相応にできないことが多いということを、どのように捉え、ひきうけてゆけばよいのか、という大きな課題を抱えているのだろう、と私は捉えました。そしてその苦悩が、直接的には頭をガンガン打ちつけたり、物にあたる行為となり、さらには「私は目がみえるもん」というセリフになっていると感じました。だとするなら、ただガンガン打ちつけないようにと指導しても、あるいは「あなたが目がみえないのよ」と言っても、何の役にもたちません。その苦悩を本人なりにひきうけることができるようになるまで、彼女のこころの準備を、何年かかっても私と一緒に整えてゆくのが、彼女とのセラピーで自分がなすべきことであり、できることだろう、と考えていました。

その後の概要

そこから約一年の間、母子は隔週のペースで訪れ、一回六〇分の時間を、彼女のセラピーとして四五分をプレイ、その後にお母さんの面接を一五分というように分け、両者を私が担当して行いました。彼女とのセラピーの時はお母さんに待合室で待ってもらい、お母さんとの話の時には、彼女に待合室でひとりで待ってもらいました。さらに、お母さんだけがたくさん話をしたい場合は、別にお母さんだけの時間を設けました。

彼女はずっと、人形を使っての遊びをしました。これはリカちゃん、これは赤ちゃんなど、いろんな人形を自分の前に並べ、それぞれの人形に「一歳の子、何て言っている？」に私が「ブブブ、ウー」。「二歳の子は？」に「マンマ」……など、私にしゃべらせる遊びをくり返しました。最初のうちは彼女自身も遠慮していたので、私もまじめに対応していたのですが、次第に一歳の子が「おかし食べたい」と言い、八歳の子が「ブブブ……」とは話すなど、私がわざと間違えて言うようなことも、時々まぜこぜにしてみました。そうしたところ、彼女は「ちがうでしょ！」と笑いながら嬉しそうに、私の膝をポンと叩くような動作もまじえながら訂正するというようなことにもなってきました。このようにして、彼女はプレイルームのなかでは自分がしたいことをし、自分が言いたいことを言ってそれを共有し、それが楽しいという関係性を体験してゆきました。

やがてそれぞれの人形に対する私への質問も複雑になってゆき、「〇歳の子が学校に行ったらどうなる？」「八歳の子はおしめしている？」などといった内容も出てきました。「八歳のおしめ、はずかしい？」と聞かれた時には、「ううん、この子はまだおしめがとれないけれども、おとなになるまでずっとおしめする人はいないの。今は調子が悪いからおしめがいるの。元気になったら、やがてはいらなくなるの」と伝えました。私はこの遊びのなかで、彼女が通常の年齢の子どもはどんな発達をしているのか、ということを確認しているのではないかと感じていました。そこでていねいに、年齢相応だと思うことを伝えると共に、必要であれば八歳でもおしめをしたり、四歳でもまだ単語しか話せないこともあるのだ、ということもきちんと伝えたいと考え、そうしてゆきました。

三ヵ月ほどたつと、今度は彼女が病院ごっこでお医者さんになり、病気の子どもの治療にあたるようになります。私は、彼女が患者さんではなく、お医者さんになることから、自分の問題に対して、ただ受け身的に処置されるだけではなく、積極的に直せるところは治してゆこうという能動的な気持ちが起こってきた現れと感じていました。でも、病気の子どもたちは彼女の治療でかならず治るわけではなく、苦い薬をたくさんのんで痛い注射をして……と、なかなか治りません。過酷な治療が続きます。そして「この子、何て言っている？」と私に子どものこころの内側を語らせます。私は「くるしいよ」「注射痛いけど、がんばるよ」「お薬、ありがとう」などと言いました。この頃にはすでに、ものにあたったり、壁に頭を打ちつける問題行動は消えていました。別に表出できる場が与えられ、自分には解けない疑問を問い、それに答えてもらえるという対話（ダイアローグ）の場ができたことで、ものにあたる等の行動をしなくてすむルートが得られたことにより、問題行動は、消えたのだろうと思います。そして同時に、これらのセラピーでの対話によって、彼女はずいぶん、自分のなかにことばで理解する貯蓄がふえていったのではないか、とも考えました。

そんな一年ほどたった時、彼女はあるとき「しんぼう」ということばを口にしました。そこで私は「そうね、よりちゃんにはたくさんのしんぼうがいりますね。大変だと思っています」と口にしました。私は彼女と、彼女の目がみえないこと、知的にもむずかしいハードルがあることについて、何もことばでやりとりすることはしていません。でも、私は彼女とその彼女自身の困難さを、彼女が仕方なくひきうけてゆくプロセスを、プレイセラピーで伴走していると考えていたので、この時もすぐにそういう連想をし、語りました。彼女はそれをじっと聞いて黙っていました。そしてこの日のお母さんとのセラピーで、彼女が最近自分からはじめて「私は目が見えないの」としんみり語り、以前は拒否していた点字を学ぼうとするようになってきたということが語られました。

彼女はセラピーのなかで、自分が望んだのではなく、勝手に運命に押しつけられた全盲という障碍を、どのように捉えて自分のなかに折り合わせ、生きてゆくかという模索をしていたのだろうと考えています。そして自分で「しんぼう」ということばを摑むことで、嫌々だけれども、その事実を仕方なく、受けとめはじめたように感じました。彼女が「私は目がみえるもん」と盲目であることをお母さんに対して拒絶したのは、障碍そのものを否認したのではなく、障碍を押しつけようとする周囲の圧力を蹴飛ばしたのであり、同時に自分に課せられ、逃れることのできない運命を、思い切り蹴飛ばしたかった、のではないかと思っています。

私は彼女とのプレイのなかで、年齢相応の発達の概要を伝え、でも、必要があれば八歳でもおしめをすることもある、ということを伝えていったと先に述べました。そんな時には彼女は私の返事にじっと耳を傾け、「ふーん」と素直に聞いている時もありましたが、時には「そんなの変だよ」と声高に言う場合もありました。「そんなの変」といわれた時には、「そうだよねー　外からみると変だよねえー。誰にもその子のことなんか、わかんないもんねえ」と素直に、心細く、自信なさげに繰り返し、「でも、みんな自分のペースがあるんだよ」と添えてゆきました。発達の様相には個人差がありますし、障碍があればなおのこと、それぞれの発達過程は多様になります。でも実際の社会のなかでは、誰もそんな風には考えてくれません。「やーい、まだしゃべれない」とか「○○もできない」というように、あしらわれ、バカにされてしまいます。彼女はたくさん、そういう嫌な目に遭ってきたのだろうと思います。そしてそのくやしさを私にぶつけていると考えて、少しでもひきうけたいと願い、しょんぼりした口調をとりました。
しょんぼり言う私のことばのなかで、その人がどのように発達しているのかということは、外からはわかんない、でもよりちゃんはよりちゃんのペースでいいんだよ、ということを、私は彼女に伝えたいとも願っていました。そのどれほどが、彼女のこころに響いたのかは、もちろん定かではありません。しかしセラピーを受けるなかで、彼女は結局、自分の障碍を自分でひきうけ、生きてゆくという方向に舵をとってゆきました。点字を学ぼうとする様子からは、ひと味たくましさを身につけた彼女を感じます。

この「はじまりだし」の二つのケースを通して私は、初回面接での関わりのなかで、互いの間をゆきかう情緒的やりとりと情報を交絡させながら、どのように見立てをたてているか、という実際を描いていています。その瞬間、どこまで自覚的にこのようにわかっているかということは、その時々で違いますが、大まかには、その時にも私の頭のなかでフル回転で摑んでいることだと思います。私はことばによるセラピーでも、プレイセラピーでも、詳細に相手を観察すると同時に、関わるなかで自分のなかにわきおこった感覚を徹底的に読みとろうとしてゆきます。自分のなかの違和感とか触感、感覚といった、ことばにならないもののほうを重視しつつ、それをセラピーの間もセラピーが終わってからも意識的・自覚的に吟味して、ことばに落としてゆく作業を、かなり強迫的に行っています。初回にたてる見立ては、仮の見立て、とりあえずの見立てです。とはいえ、この仮の見立ては、初回にたつとは限りません。いくら考えても、よくわからないという場合も多々あります。その場合は、初回に『よくわからない、見立て保留』という見立てをたてて、何かよくわからないのか、何をわかってゆけば、もう少しわかってゆくのか、ということを数回のうちに把握していこうとしてゆきます。見立てをたてるから、どうするといいという方向性が見えてきます。そしてよくなかった場合には、見立てが間違っていたと思い再検討をしてゆきます。こうしてセラピーを進めています。

一方、あちこちの事例検討会を見ていると、初回にあまり積極的な見立てをたてず、回数をへてゆくなかでゆっくりと事態が動き、セラピーが形づくられてゆく、といった流れをとるセラピーのほうが圧倒的に多いように思います。いずれにしても、セラピーというものは、動くようにしか動かないものですし、動くように動いてゆくものなので、実際にはどちらにしても、結果としては大差ないのかもしれません。とはいえ、セラピストとして、自分がそのケースで何を感じ、何にひっかかり、どうしてこういう動きをとったのか、ということが自覚的にわかってくると、もう少し自分なりに『(それなりに)わかって動く』ことができるようになります。この、『わかって動ける』ようになるために、自分の感覚や感触をことばに言い換えることが有用なのです。というのは、ことばは認識を深めるための手段であり、これによってセラピストは自分が何をめざして歩んでいるのか、さらには今どのあたりを歩んでいるのか、ということが、ある程度ではあっても見えてきます。さらには、自分の感覚や感触をことばに言い換えることができるようになると、クライエント自身の同じ作業を、手助けすることもできるようになります。先の二つのケースで共に、子どもがことばで自分の内的状態を摑めるようになることで、精神的に一段階あがり、安定してゆくことが見られました。自分が何にむかむかしているのか、もやもやしているのか、ということがわからないのは苦しいものです。それを自分のことばで摑むことができるようになると、その認識がその人を本質的なところで支え、安定させることができます。理解できるから変な行動をしないですむようになるのです。もちろん私は何でもかんでもことばにできるとは、考えていません。しかし、感覚的なものは、そのままでは互いに共有しあい、確認しあうことができません。だからこそ、できる限りことばにならないものを、ことばにしてゆこうとする作業が、もっとプレイセラピーのなかでもセラピスト各自が意識的・自覚的にとりくんでゆくことができると、セラピーとして深まってゆくだろうと思うのです。

プレイセラピーのワークから

ここでは「はじまりだし」以外の、セラピーのなかのセッションをとりあげ、そこでどのようにセラピストが子どもからのメッセージを読みとり、どう対応してゆくか、ということを描いてみました。セラピストは相手からのことばと行動によるメッセージを受けとりますが、セラピストがどう読みとるかで、次の子どもの動きは決まってきます。その無数の連鎖でセラピーは成り立っているのです。よく事例研究を読んでいると、子どものことばや遊びだけが記載されていて、セラピストの姿がまったく見えない論文がありますが、それでは、そこで起こった内的・外的対話が見えてきません。

私は現在では、自分のしているプレイセラピーを、以前ほど詳細に記録していません。そこでこの分析のために、私が大学院での臨床心理士の養成のために工夫した、『プレイのワーク』を用いることにしました。このワークを活用するのは、実際に行なわれたワークをビデオに録画してあり、ワーク終了後、参加者各自がビデオを逐語でことばに置き換えてレポートを書くので、ケースの流れの実際を、忠実に再現することができるからです。そのために、素材として適していると考えました。

ワークでは、実際にプレイセラピーを担当しているセラピスト（大学院生）が、自分のしているセラピーのなかで特に、相手がどうして、そういうことをしたのかよくわからない、あるいは自分がこういう関わりをしたのだけれども、それは相手にとって、どうだったのか、よかったのかまずかったのか、というような『わからないで困っていること』を中心に、約二〇分ほどそのエピソードを核として前後をそのまま切り取り、授業で再現させます。この時セラピストは、自分が担当している子どもの役になり、別の大学院生が、セラピスト役を担当します。つまり、実際のセラピーとは役割を交替して、そのセッションをワークするのです。ワークでは、入室し二〇分程度のワークを行い、終了します。

ワークのなかでのセラピストは、その核となるエピソードに関しては、実際のセラピストが行った言動を忠実に再現させますが、あとのやりとりに関しては、かならずしも忠実にではなく、自分なりの関わりをしてよいことにしています。一方クライエントの方では、実際のセッションでそのクライエントが行った仕種や行為、ことばを用いて、できるだけそのクライエントになり切れば、文字どおり『相手の身になって』体験することができます。

以下に描く二つのワークは、それぞれ、私がワークだけではじめて出会ったものではなく、実際に受理面接とスーパービジョンで関わっていたケースのロールプレイです。自分の内的主観をたっぷりと使いこんで動かしている自分のケースとは違いますが、直接に関わっていないケースでも、どのように自分が没入し、読み込んでいるかというその実際は、見えてくると思います。両ケースとも、セッションでのやりとりをそのまま記載し、後で私の連想を描くというスタイルをとりました。だいちゃんのケースは、行動をどう読みとるかということの参考になると思います。がっちゃんのケースは、行動の変化は少ないものの、その一方でことばでの対応に、その子どもの課題が大きく関与しているケースで、それをどう読みとるか、ということの参考になるのではないかと思います。（以下「　」はクライエント役のことば、〈　〉はセラピスト役のことばを示します）。

だいちゃんのケースから

だいちゃんは八歳の男の子で、小学校三年生。高機能広汎性発達障碍という診断を受けています。幼少期に療育に通い、就学指導の時に周囲から「心配ない、十分大丈夫」という強い勧めがあったために、小学校は通常学級に入りました。一年の時には、慣れるのに少し手間どったものの、何とか適応しました。しかし二年生の運動会の練習の頃から、学校に行けなくなりました。おそらく、動作を真似て一緒に行動する、ということが自分にはむずかしいとわかったのではないか、とお母さんは考えました。このときは、運動会が終わってから、介助さんをいれることによって、彼は徐々に落ち着いてきました。しかしお母さんは、このままだと毎年彼が苦労することになるだろうと心配し、彼本人にもそれを伝え、三年になる時に思い切って心障学級に移籍しました。その心障学級は別の学校にあったのですが、彼はそこから「だめで、できない自分」を強く意識し、人を避けて学校に行こうとしたり、「障碍って悪いことなんでしょう」と言うなど、自分がそこに行くことになったことに強い負い目を感じ、劣等感を抱くようになりました。そして、おそらくはそのせいでしょう、電車の中でも車両の端から端まで走り、大声で「○○駅、止まります！」と言うなど、いわゆる自閉的な行為をするようになりました。こういう行動はこれまで、彼はしたことがなかったことから、お母さんは心配し、相談に見えたのでした。そういう彼の三回目のセラピーの一部をロールプレイでとりだしたセッションです。

ワークでのだいちゃん

だいちゃんは勢いよく入室し、そのまま前回のセラピーでピストルを置いたところに「ピストルあるかな」と言いながら走り、椅子にのって棚の中の二つのピストルを取る（前回帰る時に、ある場所にピストル二丁を隠して帰っていた。そのままにはしておけないが、今度来る時にはピストルをその隠し場所に戻しておくことをセラピストは約束してあった。）。セラピストは〈ちゃんと置いといたよ〉と声をかける。彼は「あった！」と嬉しそう。「約束まもったね」に〈そうだよ〉。彼は二つのピストルを見比べてて確認し、そのうちの一丁を「はい、先生の」といってセラピストに手渡す。〈はい、ありがとう〉とセラピストが受けとると、トランポリンに向かって走り、トランポリンに跳び乗って大きく高くジャンプする。〈おお、すごいすごい〉とトランポリンの横から声をかけると「早く」、と催促の声。〈ええ?、先生も乗っていいの?〉に「うん！」。そこでセラピストも乗って二人で跳びはねていると、突然セラピストをピストルで撃ってくる。「バーン」に〈ワーッ、やられた！〉と爆笑。ふたたび

「バーン！」。〈すごいすごい〉と声援を送る。続けてジャンプしながら縄跳びの二重跳びのような動きをする。〈二重跳びしてるの？〉と聞くのに対して「バーン」と撃って「先生降りて」と言う。それに対して〈えっ？〉とセラピストは戸惑う。再度の「先生降りて！」に〈いいよ〉と降りる。トランポリンを降りたセラピストに彼は「バーン」と撃ち、〈ああ、やられた〉とセラピストは倒れる。と「先生も跳んで！」と。〈乗らないで下で跳ぶの？〉に「ちゃんと跳んで！」と、たたみかけられるように「乗らないで！」という。そこで〈え、先生も乗っていいの？〉と言って乗ると、すぐに「乗」言われて、セラピストは床の上でジャンプする。〈ワー、だいちゃんのほうが高いなあ〉とセラピストは言い、二人で笑う。「バーン」と大きな音を発し、大きく手を広げ大きく弾みながら両手で撃ってくる。〈わっ、いてててて〉と。セラピストに弾が当たって痛い。

彼は少し息が上がった様子で、ここではずむのをやめてピストルを床に起き、ホッピングのコーナーに向かう。二つのホッピングの高さを比べて、大きい方をセラピストに手渡す。彼はホッピングがうまく跳べるので、自慢気にことばも添えながら下手なセラピストに教えてくれる。彼は九回跳ぶが、セラピストは一回しか跳べない。〈だいちゃん上手だね〉「難しいんだよ、こうなったらだめなんだよ」〈どうやったらまっすぐなるの？〉「……」〈もう一回お手本見せて〉に手本を見せようとするものの、よろけて跳べない。「……こないだは、できたんだよ」〈ああそうなんだ。難しいねえ〉。

ホッピングを元に戻してフラフープをする。手首を回転させてフラフープが戻ってくるように投げて見せ、再度投げる。「じゃあさあ。これできる？」に〈わーすごい。体操選手みたい〉と。ふたたびセラピストはうまくいかない。彼は一度目は失敗するが、再度投げて見事成功する。〈すごいすごい〉。セラピストは彼の横に行き、彼に教えてもらう。彼はセラピストの手をとって手首の動きを教えてくれる。「いい？　だからこうだってば」〈あれ、でも返ってこないよ〉「だからあ……」「そうそう」〈いやー、むずかしいなあ〉セラピストもやってみるが、なかなかむずかしく、うまくいかない。と、棚の方に行こうとして、天井からとりはずされたブランコの跡に気づいて尋ねる〈それまで備えつけられていた、公園にあるような一人のりのブランコが、危険であるとの理由で撤去されてしまったことをめぐっての話〉。「あれ、ブランコは？」〈壊れちゃったの、なくなったんだ〉「え、なんで駄目なの？」〈あ、何かね、危なくなっちゃんたんだって〉「え、なんで？」〈ブランコしたかったよねえ〉「なんでなんでなんで？」〈うーん、なんでだろう？〉。

なんでなんで……と呟きながらおもちゃのかごをあさって、刀をみつける。日本刀の長い方を鞘から出して見つめ、もうひとつ短剣をとりだし、短いほうをセラピストに渡す。「はい、これ剣」。そのまま彼はトランポリンに乗って跳ねて大きくセラピストを切りつける。セラピストはトランポリンの下にいて、その剣を受けとるが、彼からの促しでトランポリンに乗り、軽く互いに切りあう。と、「次は倒れてね」と彼が指示して後、柔らかくセラピストの胴体を切る。そして次に、両手をひろげ、大の字で跳ねながら自分を切るようにとセラピストに指示する。そしてセラピストに切られると、ゴロンとそこに横になる。

その後トランポリンから降り、バランスボールに覆いかぶさって軽くはずませる。「はあはあ」〈と息が荒い〉。〈いっぱいはずんでいるね〉。と、きかんしゃトーマスのテントの中をのぞき、何も入っていないのを確認してのち、ぬいぐるみの置いてある棚に行き、ぬいぐるみをあせりながら探す。そしてピカチュウとイルカのぬいぐるみをテントに持って行き、自分のものにする。セラピストに、茶色のゴリラ大中小と茶色の亀を渡しながら、「これ先生の」という。自分のぬぐるみをテントに入れ、セラピストにも「入れて」と指示する。〈いいよ。（あなたの）おうちに？〉と聞くと「これだいちゃんのおうち」という。そこで〈先生おうちどこ？〉と尋ねると、トランポリンの方だという感じで「えっ？ 先生のそこ」と指さす。そこでセラピストはトランポリンの上にぬいぐるみを並べる。彼は棚から救急車とパトカーを持ってきて、自分の家であるテントの中に入れる。次に、ショベルカーと汽車をセラピストのものとして手渡し、最後に大きなゴリラのぬいぐるみも渡す。そして棚の上には何もなくなる。

その時、落ちているピストルに気づき、それもテントの中に入れる。棚の上にあったセラピストのピストルも、セラピストの陣地に入れさせる。「これ先生の」というので、〈わーい、こんなにくれるの〉と二人で笑い合う。彼は棚を見て、そのすべてがなくなったことを確認し、とりあえず落ち着いた様子。そこで、セラピストの家であるトランポリンの上に並べてあるおもちゃは、トランポリンの下に入れるのだと彼が指示する。（セラピストの陣地はトランポリンの下ということになる）。「先生のは下。下に入れて。ちゃんと入れてね」と。そこで〈よいしょ。入れるよ……〉と言いながら、セラピストがおもちゃを移動させている間、彼は背中を向け、バランスボールにかぶさって軽くはずみながら待っている。途中パーキングのおもちゃに興味を示し、レバーをぐるぐる回している。セラピストが全部トランポリンの下におもちゃを入れたところで、剣をどうするかを彼に尋ねる。

彼はトランポリンに勢いよく乗り、跳びはじめる。二重跳びの仕種もしている。セラピストのおもちゃが全部トランポリンの下に入ったので、「ピストルをまたやる」といい、自分のテントからピストルを持ってくる。そして、セラピストもトランポリンに乗っていいと言い、さっきと違う新しい遊びのルールを説明する。それは「バーンってやったら倒れる。一回やったら倒れる。二回やったら生き返る」というルールで、まずは彼から撃ち、セラピストが倒れ、もう一回撃ったら生き返り、次にセラピストが撃ち、彼が倒れる。セラピストはルールを探りながら上手にやる。「はい、バーン」〈これ二回目、じゃあ生き返ろう〉「そう、いいよ。だいちゃんバーンってやって」〈バーン。二回やったら生き返れるよ〉「バーン、バーン」〈先生もやっていいの？　バーン！〉と、互いに笑いながら撃ち合う。と、バランスボールにかぶさり、「はあはあ」と荒い息をしながら軽くはずんでいる。「疲れちゃった」と、彼はテントに入っていく。セラピストはトランポリンの横で座って、それを見守っている。「先生も入っていいよ」、というので〈おじゃまします〉といってテントに入ったが、すぐに「はい、出て」とテントから出るように指示されるので、あわてて〈おじゃましました〉と退出する。

テントから出たところでセラピストは時計を見て、〈あと五分くらいでお時間だよ〉と告げたところ、彼はテントから急いで出て、おもちゃの棚に向かい、あせるように次から次へといろいろなおもちゃを触り、何かを探す。探しながら「なんで」とくりかえす。〈今日はね、お約束のお時間まであと五分なの〉に「何で？」。〈うん〉「何で？」〈あと五分いっぱいなので、また次の週に遊ぼうね〉「えっ？、何であと五分なの？」と。〈えーと、こないだお約束したから〉……といいながら、彼は頭につけるレーザー武器をみつけて、これは何かをセラピストに聞く。〈はじめて見るね。頭につけるのかな〉とセラピストもよくわからないので、確かめながら話していく。と、スイッチをいれると急に音がした。と、彼はそれをすぐにぽいっと投げ、ほかのおもちゃをあさりだす。しかし、なかなか気にいるものが見つからない様子。一度はトランポリンの上に置いたピストルを手にとるが、すぐにやめる。うろうろしながら、何であと五分なのかをくり返し聞くともなくぼやいている。そして、プラレールの引き出しをあけて、座り込んで中から電車を次々取り出し、先生のと自分のを選ぶ。自分のは電池で動く新しいもの。それを互いの陣地に入れるよう指示。その間も「何であと五分なの。」〈あと五分ね、お母さん待ちくたびれちゃうから〉「えっ、ヤダ」〈いや？　帰りたくない？〉

再び棚の上を探しながら、クーゲルバーンに玉を入れて音をならす。〈何しよう？　いっぱいだね〉「これだいちゃんの……入れて？」〈お家に持って行くの？〉。「ねえ、何であと五分なの？」に〈お約束の時間なんだ。もっと遊びたい？〉「やだ」といいつつ、「じゃあさもう一回だけピストルだけ」と、最後にもう一度ピストルの遊びをすることを自分から提案する。ピストルを手にとってトランポリンに乗り大きく跳ねる。セラピストも乗っていいかと聞いて乗る。今度は「先生だけ死んで。だいちゃん死なない」と、セラピストだけが死んで自分は死なないというルールに変更になる。彼はセラピストを撃ち、セラピストは倒れながらお返しに撃ち返すが、「（僕は）死なない。死なないの」といい、おもしろそうに笑う。セラピストも笑う。

〈はい、おしまい。生き返るよ……じゃあお母さん待っているから帰ろうか〉に、彼は徐々に跳ぶのをやめ、セラピストが起き上がるのを待たずに、ピストルを持ったまますたすたとドアに向かって退室しようとする。セラピストは、最初のようにピストルをまた同じ場所に置いて帰ろうと提案すると、持って帰るという。そこで〈先生とだいちゃんの秘密。隠しておこうよ〉に「何で？」。〈これお家に持って帰っちゃいけないって、きまってるんだ〉「じゃあさ、じゃあいいよ」と悩むような仕種をみせるが、あきらめてセラピストに手渡す。〈ありがとう〉「ちゃんと置いておいてね」。少し不満そうにだが、念を押して退室する。

流れに添っての私の連想

だいちゃん（以下彼）は、勢いよく走ってプレイルームに来ます。そして前回、セラピストが自分と約束したことを覚えていて、ピストルが二人で約束した場所に置いてあるかを確認します。この二つのエピソードから、彼がセラピーのことをよく記憶していて、待ち望んでいたことが推測されます。彼は前と『同じ』場所にピストルがある、ということによって、安心することができるのかもしれません。彼には自閉的な傾向があるので、いっそう、『同じ』であることとの安定感は大きいかもしれません。また彼は、セラピストと出会ってまだ三回目なので、セラピストがどういう人なのかはよくわかりません。そんななか、彼の「約束守ったね」ということばからは、自分との約束をきちんと守ってくれた人として、この目の前のセラピストを見ている、つまりこの人は信頼できるかもしれない、と彼が感じているであろう手応えを読みとるができます。ここでセラピストは、信頼と安心という、関係性の土台をひとつ、彼との間でつみあげたのだろうと思います。

その二丁ある大事なピストルの一丁を自分が持ち、もう一丁をセラピストに渡してから、彼はトランポリンに跳び乗ります。このシーンは、私には彼が、まるでこの前遊んだピストルを、前からの続きという大事な役割を担っている『守りの神』として捉え、それを持って、トランポリンに跳び乗ったように感じました。『跳び乗る』という行為には「これからここで過ごすぞ、遊ぶぞ！」という彼の意欲と決意を感じます。というのも、まだ彼にとってプレイルームは見知らぬ場であり、同時に、セラピストもまだまだ得体のしれない見知らぬ人です。いくら少しずつ不安を減らしつつあったとしても、実際には怖いほうがずっと多いだろうと思います。でも、少なくとも嫌なことをされる場でないことは、体験からわかってきています。『よさそう、でも怖いかも……』という両価的な感じが見え隠れします。だからこそ、ここで『やるゾ！（突撃）』は、不安をかき消すために自分で自分に勢いをつけた行為のように、私には思えたのです。よくセラピストの役割として「クライエントに安心感を提供する」ということばが用いられますが、実際にはそんなに簡単に安心できるはずなどないだろう、と思います。

このトランポリンでのジャンプで、彼は自分のエネルギーを活性化させていきます。〈すごいすごい〉というセラピストの声は、エネルギーの活性化に、一役買っているようです。それを受けて彼は、セラピストにもトランポリンに乗るよう勧めます。と突然、セラピストはピストルで撃たれます。これは、彼がセラピストに親しさの感じを抱き、トランポリンに一緒に乗って欲しいと思ったのだけれども、実際に乗った時には互いの距離が近すぎて困惑したので、思わず撃ち殺してしまい、それによって互いの間に距離をとって自分を守ろうとした、という瞬時の動きが示されているように感じます。ここに『人と関わりたい、でも怖い』という、彼の人との関係性におけるジレンマ、アンビバレントを見ることができます。セラピストはかなり困惑しただろうと思いますが、ピストルで撃たれても挫けず、すごいすごいと彼の勢いを励まします。そこで二人は爆笑します。二人の間をよい雰囲気の風が流れています。

そこで彼は二重跳びを披露して、自分で自分にちょっと自信をつけたのち、セラピストにトランポリンから降りるように指示します。ここでは、ピストルで撃つという行為で距離をとった彼が、今度はセラピストからの自分も乗ってもいいか、ということばでの依頼に対して、彼もまたことばで降りて、と頼み、それによって適切な距離を置こうとしている動きを感じます。実際には突然撃たれても、あるいは降りろとことばで言われても、その時に感じるセラピストの困惑は、大きな差はないでしょう。でも私には、彼の側では両者は大きく違っていると思うのです。つまり、彼はびっくりすると、とっさに衝動的に攻撃的な行動、つまりピストルで撃って距離をとる、という行動をとるけれども、少しだけでも落ち着くと、ことばで相手に「降りて！」と『どうして欲しいか』という自分の思いを伝えることができる、という違いがあるのです。

それはそうなのですが、とはいえ、実際には、ことばで突然降りるように言われても、言われた人はびっくりしてしまうでしょう。だから、『（僕が跳びたいようにできないから）降りて』など、何がしかの理由も加えて説明できるようになると、彼のこの一見不可解な行動は、他者にもっとよく、理解してもらえるようになるのです。つまり、彼の言いたいことがちゃんと伝わるようにしてゆくということが、彼が人との関係性のなかで生きるうえでの課題の一つである、とわかります。また、ここまでのところは全体的にテンポが早く、不安であるがゆえに彼の精神活動が活発に動いているようだ、ということも推測されます。もう少し彼が駆り立てられるようにではなく、ゆっくりと動くことができるようになると、もう一歩、不安が減ってきたという指標になると思います。この不安が減るということは、とても時間がかかります。でもゆっくりと減ってゆくのです。

しかしここでもう一つ、セラピストの側に微妙な対応のズレがありました。ゆえに彼の攻撃は、それに対する反応ともとれるように思います。というのは、彼が二重跳びをしているのに、〈二重跳びをしているの？〉とセラピストが尋ねています。黙っているのがつらくて、何かコミュニケーションしようとしたのかもしれませんが、それは彼を見ればわかることです。ですからその時、彼は客観的に聞かれたということでもあり、気持ちがちょっと冷めたのではないかと思います。だから「バーン」とピストルで撃ち、さらに「降りて」と言われて戸惑うセラピストに再度降りることを指示し、〈いいよ〉と言って降りたところでふたたび彼は、バーンとセラピストを撃つということをしています。彼はこの時、セラピストにいらついたのだと思います。ここからわかるのは、彼が相手に期待するテンポは、セラピストのもっているテンポよりもずっと早いのだろう、ということです。彼はおそらく、自分が言ったらすぐ理解して欲しい、ということを望んでいるのだと思います。この彼の、自分のしたいことを即座に相手に求めてしまうということの気持ちは、痛いほどわかります。でも現実には誰にとっても無理だったり、むずかしいことなのです。彼は自分の思い通りにならない時、小さないらいらが起き、ざわざわが起き、そして先のような刹那的な行動をとるのでしょう。

彼自身が、そういう時にあきらめたり、がまんしたりするすることができるようになるためには、どんなに相手が自分のことを思っていたとしても、相手にはわからないこともあるし、自分の思い通りにはならないこともある、ということを体験しながら理解してゆくしかありません。そのためには、落ち着いてそういうことができる場と関係、そして彼自身の精神的な余裕が必要です。そう考えていくと、彼がこのように、自分の情動をどのように受けとめ、他者を理解し、自分の気持ちを調整していくかということも、彼の、セラピーのひとつの課題であると捉えることができるでしょう。

彼は次にホッピングに向かいます。自分はうまく跳べるということですが、セラピストにお手本を見せるのはうまくいきません。いつもはできるのに、今回はうまくいかないというところに、彼の『ボクはダメな奴なんだ』という彼の傷が見えてくるように感じます。しかしこれは、次の上手にできるフラフープにつなげ、自分はうまくでき、セラピストに教えるというプレイに移行します。フラフープで手のグリップをつかって回転するように器用に動かします。自分がセラピストにコーチするという役割をし、彼は見事に敗者復活を遂げています。彼が今、『自分はダメな奴なんだ』と思うのは、それはそれでひとつの理解です。もちろん彼は、全部が全部ダメなわけではありませんし、それで自信をなさなくてもよいのです。でもこのメッセージの本質は、「ぼくは人と違うところがあるんだね」という自分の異質性への覚知であると感じます。自分の異質性はひきうけつつ、『でも自分にも、できることもあるんだよ、異質であるということは、ぜんぶダメということではないんだよ』という理解もできるようになることが、彼のセラピーのひとつの大きな目的だと私自身は感じています。このホッピングからフラフープに続く流れには、彼にやがて、そう考えることができそうな光の予感がしてきます。

しかしここで彼はブランコを撤去した跡に気づきます。ブランコは危ないのでとり払われてしまったのですが、ここで彼はブランコにのれないということにこだわります。ここでの『ブランコ＝壊れてダメなもの』ということであり、せっかくフラフープで回復させた彼の『できるものもある』という感覚は、ここでふたたび揺さぶられます。彼のダメだと感じる自尊感情の低さは、そうやすやすと変わっていくものではないという、変容の困難さが現れているように感じます。そして同時に、ここから「なぜ?」という問いが、はじまることになります。ブランコはボルトがはずれる危険があることから、撤去されたのですが、ここで彼は「なぜなぜ」と問い続けます。セラピストは危なくなったということを伝え、本人が遊びたかったたか、と尋ねています。この応答は悪くはありません。ただ、だからといって、この「なぜ?」という問いを終わらせるものではないのです。そしてこの問いを終わらせることができる答えなど、世の中にはないのだと思います。

彼は刀をとり、セラピストにも渡して切り合いをし、自分のはテントにセラピストのはトランポリンの上に家（陣地）をつくり、それぞれにぬいぐるみを配置します。さらに彼はパトカーと救急車を自分の陣地に、セラピストにはショベルカーと汽車を渡します。パトカーと救急車は、危機的な場面に出動するものです。それが彼の陣地にあるということは、そういう危険や危機と彼が近いことを意味しているように思われます。あるいは、それらは生活のなかで危険になった時に守ってくれるものでもあるので、そういう守りを、自分がちゃんともっている、という意味でもあるのかもしれません。このように互いのいる場所、別々の陣地をつくり、そこにぬいぐるみをはじめとして、さまざまなパーツがおかれているということは、これから彼が自分の抱えているさまざまな課題を解決するために、自分とセラピストとの基地をしっかりとつくろうとしている、ということではないかと感じます。

ここでセラピストに渡されたショベルカーは、建築現場などで使われる、砂や砂利を運ぶものです。セラピストは彼との関係において、何か工事をする必要があるのかもしれません。汽車は遠くまで何かを運ぶものです。工事が行われ、何かが運ばれてゆきます、いったい汽車は何をどこまで運んでいくのでしょうか。彼は互いの陣地にピストルを配置します。このピストルは、プレイの最初に、彼自身のお守りだろうと私が言ったもので、それが再び登場します。そしてセラピストの陣地をトランポリンの下に移動させ、その間、彼はバランスボールで弾み、パーキングのレバーを回しながら待っています。このように、彼が、自分が弾みながら、動きながら待っているとことから私は、彼が自分の情動を動くことで紛らわし、調整させているように感じます。そしてやはり、まだまだ不安だから動いている、ということもあるのだろうと思います。そしてこのような動きをすることで、ようやく一段落し、トランポリンに乗り、二重跳びをし……というように、プレイのはじめの頃と同じような動きを見せています。

彼はここで、トランポリンに乗って新しいルールを提示し、倒れたり生き返る遊びをくり返します。自分もセラピストも倒れたり、生き返ったりします。ただ死んでしまうだけではなく、生き返ることもあるというルールは、『危ないこともあるけれども、何とかならないわけでもない』という、彼の行く末を示しているようにも思われます。そしてここで再び、彼がテントの中に座り、セラピストも入るように誘うのに、入ったとたん、すぐに出るよう求めています。これもまた、先のトランポリンの時と同じで、入ったものの距離が近すぎたために怖くなった、ということだろうと思います。ここでもやはり、彼は人と親しくなりたいと願っている、でも同時に実際に近づくと怖い、というその困難さを抱えていることがわかります。せつない気持ちがわいてきます。

さて、ここで残り時間五分を告げられると、あせるようにさまざまなおもちゃに触れ、プラレールの電車を次々に出し、互いの陣地に入れてゆきます。いわゆる通常の『お帰りしぶり』の現れとも見えますが、どうも私にはもっと強い、この場が終わってしまうこと、つまりやっと慣れたこの場が終わってしまう、という変化することへの怖れと不安があらわれている、と言ったほうがぴったりするように感じます。ここでセラピストは〈お母さんが待ちくたびれてしまうから〉という理由を伝えています。これはよくない説明です。なぜなら、五〇分でプレイルームから出るのは、セラピスト側が勝手に押しつけているきまりでしかありません。別の言い方をするならば、ここでは、お母さんに責任転嫁させてごまかしているのです。ごまかされると彼は、わからないことがふえてしまうので、余計混乱してしまうでしょう。少しでも混乱が減り、頭のなかが整理されていくことが大事です。

セラピストはまた、前にお約束したから、とも言っていますが、とりあえず伝えたとしても、一度うん、といったらわかった、約束した、とは言えません。〈ごめんなさいね。あなたはもっともっと遊びたい？〉に「うん」と言われたら、〈ここはそういうお約束にさせてもらっているの。みんなが楽しく遊べるように、みんなに守ってもらっているの。あなたもしてくれると、うんと助かるの〉というようなことを言って、終わりにすることを詫び、終わることへの協力を要請するとよいのです。しっ押しつけているのは、私たちの方なのだということを、くれぐれも忘れないことだと思います。しっかりと一時間という枠を守ることで、かえってお互いに新鮮に、かつ気持ちよく関わることができるものです。二時間も三時間も一緒だと、疲れてきて新鮮な気持ちが失われ、気持ちがずさんになるものです。それをくい止めるためにも、一時間という枠をつくる、ということでもあるのです。ここでは『だいちゃんが、今度ここに遊びに来た時に、ちゃんと遊べるように、みんなにこの一時間を守ってくださいって、先生はお願いしているの』という言い方も一つかもしれません。でもそれを相手に伝えても、納得できるものではありません。知的に理解し、納得させることが重要なのではなく、仕方なく諦めてもらう気持ちのプロセスに、こちらがきちんとつきあってゆくことが大事なのです。

彼はなぜなぜ、と言いながら収束しきれない気持ちのまま、クーゲルバーンを操作し、その音色で気持ちを穏やかにしようとしています。自分の情動を鎮静化させようと自分で試みていると思います。そして結局最後に、もういちど、ピストル遊びをすることを提案します。これは本人なりに、何とか終わるために妥協をしようとしている動きです。ここからも、基本的には、すぐに自分の気持ちが揺さぶられてしまうけれども、とはいえ、上がってしまった情動を、自分で落ち着かせていこうとする気持ちをもっている彼である、ということが推測されます。ここではセラピストだけが死んで、彼は死にません。ピストルをもって帰るという彼にセラピストは今度は、そういうきまりだと伝えます。それに対して彼は不満そうではありますが従って、退室します。

セラピーのなかでたくさん現れた「なぜ？」という問いは、それこそ彼の世の中全体に対するわからなさ、そのものの多さを現しているように感じます。だとすれば、セラピストとしては、それぞれに答えられるものはていねいに答えつつ、答えられないものに関しては「なぜだろうねえ？」と一緒に考え、一緒にぼやくというような姿勢がよいように思います。答えられればよい、わけではありません。自分の疑問を抱えながら答え見つけてゆくのが、生きることそのものなのですから。

このように、彼はセラピストとの関わりのなかで、自分には、混乱が起こった時には他者に自分の気持ちを伝えることのむずかしさがあること、『自分はダメは奴なんだ』という負い目と、『イヤ、ダメなだけじゃない』という両方の気持ちをもっていること、などをしっかりと見せてくれました。当初の駆り立てられるように動いていた様子からは、こういう場でも、なかなか不安が減りにくいということや、人に近づきたいけれども、近づきすぎると怖い、という対人関係での距離のとり方のむずかしさがあること、さらにはこのように、自分の気持ちが動くと、それに自分がふりまわされ、相手をも混乱の渦のなかに巻き込んでしまう傾向があるということも、見えてきました。そしてこれらの課題はたくさんあるけれども、同時に彼は、自分でこの課題にとりくんでゆきたいと考えており、しかも未来は決して暗いものではない、と彼自身が考えている、ということを私たちに教えてくれました。だからこそ彼は、セラピストに、一緒にこの『いくさ』に伴走して欲しい、と願っているのだと思います。

がっちゃんのケースから

がっちゃんは四歳の男の子で、三歳下に弟がいます。保育園で友だちとうまく遊べないということと、どうも感情のコントロールがむずかしい、ということをお母さんが気にして相談に見えました。今はまだ問題は起こっていないけれども、将来小学校に入った時に人との関係で、いじめなど、うまくいかないことが起こると心配だから、とお母さん。保育園では自分の世界に入って一人でじっくりと遊んでいるということが多いけれども、突然誰かほかの人が入ってきて自分が思ってもいないようなことをすると、わーっと叫んで手が出てしまうことがあるのだと。保育園の先生は、お帰りの時などに、お母さんが来ても自分勝手に遊んでいるなど、指示に従わないところがあるけれども、何でもよくできるしよくわかるし、基本的に心配ないと捉えていました。彼は本当に面白そうに一人遊びをしているし、ほかの子にちょっかいを出すのは、ごくたまのことだったので、事件になることはありませんでした。

私が受理面接ではじめて母子にお目にかかった時の印象からは、ご両親共に忙しく働いているので、彼はほとんど家に帰ると寝るだけで、ウイークデーには誰かと遊ぶという時間はなさそうでした。箱庭のなかで、次から次へと自分の世界を展開させる彼からは、想像力の豊かさを感じました。同時に、おとなびた、ちょっとこまっしゃくれたしゃべり方をしているのが印象的で、知的には高いだろうと思われました。もう少しくわしく言うと、おそらくは、さまざまな情報を頭の中で次々と処理してゆくような能力は高いのだろう、でも、圧倒的に人と関わる体験が少ないので、人との関わりで自分の気持ちが揺さぶられると対処できずに混乱する、ということが起こっているのではないかと考えました。これはおそらく、まずは、そういう体験が足りないことから生じているのではないかと思いました。

また、プレイルームで見た彼のファンタジーの豊かさからは、彼には同年齢の子どもたちがしていることは、あまり面白いようには見えないだろう、だから余計、一人で遊ぶのではないか、とも考えました。ですからただ、人とも遊べるようにという目的をたてるのは、違うように思いました。ご両親は共にやさしく、あたたかく、彼をとても大事にして、彼のことをよく考えています。そのことを彼もまた、十分わかっているようです。そういうよい関係の親子なのですが、どうも私としては彼に子どもらしさ、が感じられず、『小さなおとな』とつきあっているような雰囲気です。実際、聞き分けがよく、反抗のようなこともないそうです。そう考えていくと、これはちょっと無理をしている、ということがあるのではないかという連想がわいてきます。一人の世界にのめりこんでいる時に、突然誰かに侵入されて混乱する、ということがあるのですが、その時に、彼が日頃自分が抑えている無理が、暴発を起こして暴力としてそこに現れるのではないか、とも考えました。であるなら、セラピストとの関わりのなかで、子どもらしさを回復させて、ただ自分を抑えて相手の言うことを聞き入れるだけではなく、しっかり「だだをこねる」ことも、そのうえであらためて我慢するということも、できるようになると、もう少し自分に余裕が出てくるので、突然の侵入にもう少し、うまく対処できるようになるのではないか、そういう課題を彼が抱えていると考え、セラピーをするとよいのではないかと、私は考えていました。そんなセラピーの四回目のセッションのロールプレイの一部です。

ワークでのがっちゃん

がっちゃんはニコニコとかけてきて、プレイルームに入る。まっすぐに箱庭に向かい、小さなほうきとちりとりを見つけて「あった！」と言ってセラピストの顔を見る。セラピストが〈何これ？〉と尋ねると「ほうき。掃除するの」と。すぐにトランポリンにかけて行き、「ここ、汚れてる」といって掃除をする。〈ほんとうね、うん〉とセラピスト。ほうきで払いながら「誰かが汚れた足でのったからだよ」と。「ここも、ここも汚れている」と言う。〈本当ね。すっごい汚れている〉というと「すっごいじゃないよ」というので〈すごいじゃない？〉と言い返して一緒に笑う。

と、ぽいっとほうきとちりとりをトランポリンの上において〈捨てて、という感じ〉、すっとおもちゃの棚に向かって棚を見渡す。「んーと。ガソリンスタンドやろうかな」と言って、ガソリンスタンドのおもちゃを見つめる。〈ガソリンスタンド？　どれかな？〉というと、それがある方向を見ている。セラピストが〈とれる？〉と尋ねると「うーん」と首を少し傾ける。そこでセラピストが〈とろうか〉、というと「うん！」と嬉しそうにうなずく。そこでセラピストはガソリンスタンドを手にとって彼に渡す。「どこに置こう？」と持って呟き、セラピストも〈どこ置こう？〉と。カーペットの端においてしゃがんでガソリンスタンドを見ていると、彼がとれてしまっている標識のパーツに気づき、それをつまんで「どこだろう？」と差し込む穴を探す。セラピストも〈どこかな？〉と言う。彼は「ここだ！」と見つけて標識をさし、「車がない」と言うと同時に、棚へタタタッと走って向かい、白い車を取ってくる。そしてガソリンスタンドの洗車のところに入れて「これ電気掃除するやつと似ている」と言いながら、洗車の機械から車を出し入れする。〈電車掃除するやつと似ている？　見たことあるの？〉とセラピストが尋ねると「うん」と。

次に線路の入っている箱を探しはじめる。〈線路つなげる？〉とセラピストが尋ねると、彼は「うんこれじゃない」と言いながら自分の想定している線路を真剣に探している。〈ん？〉「……線路」〈線路？〉いろいろな箱を探しながら、やっと線路の入った箱を見つけて「あった、あった」と線路を出しはじめる。「うんとー」と言いながらレールを色々出していってセラピストに「こうやってつなげるんだよ」と、若干生意気モードで言い、つなげ方を見せていく。〈そうなの。先生もやってていい？〉とセラピストは尋ねると、彼は線路をつなげながら「うん」と答え、〈いい？〉とセラピストが言いながら線路を持つ。高架にするための黄色の足台を三つくらい並べて高いところをつくり、その上にレールをはめて高架をつくろうとするものの、思うようにつくれないで「何かへん」と笑いながら言う。セラピストもそれに続けて〈何か変ねえ〉と、二人で言いながら笑いあう。そして彼は線路を黙々とつなげ、セラピストが〈むずかしいね〉と言うと、「うん」と彼は線路をつなげながら答える。セラピストは彼が線路をつくっているのを見て〈すごい〉と言うと、「うんうんうん、ここに止めるんだよ」とセラピストにコーチする。〈うん〉。彼は線路や他の部品をとりだしてつないだりしてゆく、彼がひとりごとのように「あ、あった」というとセラピストは〈ん？〉と。彼は「うん、ここに……」といいながらレールをつなぎ、「こうすればいいんだね」と線路をつくっていく。それにあわせて〈うん、本当ね〉とセラピストがこたえる。「うん、むずかしいよ」と彼が言い、セラピストは笑い、線路をつくっていく。「んー」と彼が自然と口にしながら線路をつくっていくと、セラピストも〈うーん〉といって彼を見ている。ここでセラピストは、彼が想定していたものを見つけて「あった！」と言う。

彼がレールを探している時に、線路を倒してしまったのをセラピストが気づいて、〈あっ、倒れちゃったから直しておくね〉というと、彼は「あっ、ありがとう」と言い、また線路をつくりはじめる。彼は「うん、むずかしい」とうなりながら線路をつくっていると、セラピストも彼の声にあわせて〈うーん〉と共鳴してうなる。と彼は、赤い鉄橋の部品を持って「鉄橋って何のためにあるの？」とセラピストに尋ねる。セラピストは〈うーん、何のためだろうね、何のためだと思う？〉と彼に聞くと、彼は「うーん」と考えこみ、「こうやってやるんだと」と、その赤い鉄橋の部分を高架にするための黄色の足にどうはめるのかをセラピストに見せる。セラピストは〈そうなの?〉と答え、彼は「この隙間に入れるの」とはめていく。〈へー〉とセラピストは彼を見守るが、彼のつなげ方がうまくいかないのを見てクスっと笑う。彼も自分のつなげたものをみて「ちょっと変」と言い、それに対して〈ん? 大丈夫、大丈夫〉とセラピストは言う。「うーん」と彼はうなりながらまた線路をつなげていくが、その時セラピストがあまり自分でレールをつなげていないのを見て、「やってないじゃーん」と文句を言う。それに対してセラピストは笑って〈ごめんごめん。がっちゃんが、うまくやっているから、見てたの〉という。それを聞くと、彼はつなぎながら恥ずかしそうに笑って、「上手でしょー」とやや得意気に言う。セラピストも〈うん、すごい上手〉と言うと、彼はにこにこして、レールのところからおもちゃの棚に向かい、「トーマスだ、トーマス」ときかんしゃトーマスの線路の箱を見つける。

セラピストが〈トーマスを出す?〉と尋ねると「うん、出して」と言う。セラピストは〈うん、ちょっと待っててね〉と言って箱を取ると、彼は「トーマス、これどうやって開けるんだろう、これ」と箱を見ながら言う。セラピストはは開け方がわからず、〈これどうやって開けるのかなあ〉と箱を見ながら言ったので、彼が「貸して」と言ってセラピストから箱を受け取って自分で開けようとする。セラピストはそれを見守る。と、彼が「ほら」といって箱から中身を取り出したのを見て、セラピストは〈ほんとだ、おお!〉と言って驚く。彼はレールの端と端を合わせて、「これはこうつなげる」とセラピストにやってみせるが、うまくできずにとれてしまい、セラピストが笑う。彼も「あれ?」と言いながら再度やってみる。セラピストは、〈こうなの?〉とごにょごにょ言いながら、自分なりのやり方でつなげようとしている彼を見ている。しかしそれもまた取れてしまい、うまくつなげられない。「でも取れちゃう」と彼は言い、セラピストもそれに合わせて〈取れちゃうね〉という。「うーん」とうなりながらつなげる彼に合わせて、セラピストも〈うーん〉とうなる。「んー？　どうやってつなげるんだろう」と言い、セラピストもその言葉をくり返す。すると彼は突然、「これつなげといて」とトーマスの線路をセラピストに任せて、スタスタとその前にやっていたプラレールに戻っていく。セラピストは笑いながらその役目をひきうける。

彼は戻りながら「うん」とうなずき、鼻唄を歌いながら「あったあった」と欲しい部品を見つけてひとりごとを言いながら線路をつなげていく。しかし高いところを作る時うまくいかず、崩れてしまい「うわー、崩れちゃった」と笑いながら言うと、それに対してセラピストも笑う。彼は「電車を走らせようかな」と言いながら電車の箱の中を物色する。セラピストが〈うん、電車走らせるの？〉と尋ねると「うん、新幹線」と答え、再び〈新幹線〉という問いに「うん」と答えつつ、箱に入っている電車たちをいろいろと見て、「うーん、かいじ、かいじ」とひとつの電車をとりあげる。セラピストが〈んー、かいじ？〉と尋ねると彼は「うん、これ箱根に行くとき乗った。ママとパパと行った」（実際は「かいじ」は中央本線なので箱根には行かない。本人の勘違い）と言い、銀色の地下鉄を見つけて「これは地下鉄だから」と言って床に出す。ここで彼は線路を偶然倒してしまい、「うわー」っと叫ぶ。セラピストは笑いながら〈やっとくね〉といって直す。それに対して彼は「ありがとう」と言い、また「んーん」と言いながら好きな電車を探していく。貨物列車をみつけるが、先頭車両がないことに気づき、「でも頭がない」と言い、セラピストも〈本当ね。なんでだろうね〉と。彼はひきつづき黙々と電車を探して石油タンクをみつけ、にこにこしながら「ミルクタンクだ！」と。〈ああすごいね〉「つなげよう」とそれを貨物列車につなげる。セラピストは彼に「がっちゃん、電車が好き？」と尋ねると電車を動かしつつ「うん」と答える。〈どういうところが好き？〉「んー格好いいところ」〈電車格好いいね〉と言いながら彼は黄色の部品の溝にレールをはめながらさ「うん。これはこうするんだよ。ここの隙間に入れるんだよ」といいながら操作するが、うまくできない。「むずかしいね」とセラピストの顔をみながら言うと、セラピストも〈ねっ〉。うまくいかないのを見てセラピストが笑うと、彼も「うふふふ」と笑い、「これ高くすればいいんだよ。この黄色いやつをさ」と黄色の高架にする台の部品を重ねて高くしていく。その高さを揃えようとするが、ひとつが長くてうまくいかない。と、彼は「あった、あった、こうすればいいんだよ」部品を重ねて工夫し、「ほら」とうまくつなげることができたのをセラピストに見せる。セラピストは〈ん〉。彼は「できた！」と言い、セラピストは〈よし〉と。

ここで彼は、「貨物列車走らせようかな」と言う。セラピストも〈うん〉と。彼は貨物列車をできあがった線路で走らせようとするが、「そう。んー。でももっと駅を作ろう。荷物をいっぱい降ろせるから」と言う。そこでセラピストは〈あ、そうかそうか〉と。彼が駅の入っているかごを物色して「駅、駅、あったあった！　でも片方がない」と、片方がなくて傾いている駅を見つける。セラピストは〈うん、もう片方〉と言い、彼は「これここ」とそこのところにはまりそうな部品をくっつけて言う。セラピストが別の部品を見せるが、それに対して彼は違うという。が、もう一度見て「自動改札って書いてある」と気づく。しかしまたかごの中にいれ、傾いてしまう駅を傾かないようにと試行錯誤していく。そして「あ、立つ立つ。こうやるんだね、ああ、いいね」とうまくできて満足気になる。ここでセラピストが〈がっちゃん。もうね、半分くらいのお時間になったちゃった、あと半分くらいね〉と伝えると、「んー。でもまだいいの！」という。そこでセラピストも〈うん、まだ大丈夫〉と伝える。

それから彼はその場を離れ、輪投げに向かい、「遊ぼう。あ、これやりたい」と言いながら輪を数本もち、セラピストにも数本「はい」と言って渡す。セラピストが〈ありがとう〉と言い終わるか終わらないうちに、彼はすでに輪投げを始めている。輪が入らなかったので「あーおしい」と言い、セラピストも〈おしいね〉と言う。次もまた、彼が試すものの入らなかった時、ふたり同時に「おしい！」といって顔を見合わせ、笑い合う。次に輪投げの数字1に入った時には「1メダル」と言ってセラピストの顔を見合える。セラピストも〈うん、1メダル？〉と彼の顔をみて言う。5に入った時に彼は「5メダル」と言い、セラピストも〈5メダル〉と続け、8、7、と次々に入る。同じようにやりとりしながら輪投げが続く。入らなかった時には「あーおしい、おしい」と言い合う。彼が投げるのを見て、セラピストは〈おっ〉と言い、彼は「6メダル」と言って拍手をし、セラピストも、すごい、と言う。

と、彼の視線がぱっと移って、輪投げの隣にあったホッピングを見つけ、「あっ、これ」とセラピストに見せる。「これ知ってるよ」とセラピストにいい、〈うん〉、とセラピストが言うと、彼は「これ何するやつだろう？」と尋ねる。セラピストは、〈がっちゃん、見たことある？〉と逆に質問すると「あるよ、これこうやって跳ぶやつなんだよ」といって、床に叩いてホッピングをするようにセラピストに見せる。セラピストは〈うんうんうん〉と。彼はセラピストに見せて「これやってみる?」と尋ね、手渡す。セラピストはちょっと戸惑い、〈私がやってみるの? がっちゃんやったことある?〉と尋ね、彼は「うん」とうなずく。〈できるかな?〉といいながらセラピストはするが、あまりうまくいかず、〈わあ、怖いね〉といって失敗して笑う。彼はそれをみて満足そうに、「ほら、むずかしいでしょう」といって互いに笑う。

彼はホッピングをセラピストから受けとって元に戻し、その隣にあった乳母車を見つけて「赤ちゃんのやつだ」と嬉しそう。彼はトランポリンに乳母車を持ったまま上がり、トランポリンの上でぐるぐると乳母車をまわして押し、「お人形さんないかなあ」と言ってあたりを見回す。セラピストは大きなぬいぐるみを示すが、それは（乳母車の中には）入らないからと拒否され、入りそうな人形を探しに棚に向かう。「動物じゃなくて人間がいい。ちっちゃいやつしかない……」と彼は箱庭のパーツを見ながら言う。セラピストも〈ないね〉と繰り返す。彼はその箱庭のパーツを見ながら「ちっちゃいのをいっぱい乗せたらいいか」と言う。セラピストも同じことを繰り返すと彼は「ウン」とうなずき、人間のパーツを一つだけ持ってトランポリンに乗り、そして乳母車にその人形を入れて、再びトランポリンの上に乗り、ニコニコしながらぐるぐると乳母車を押す。セラピストが横から〈がっちゃん、弟くんと（いつも）そうやっているの?〉と尋ねると「うーん」と笑いながら言う。そして「（ここは）エスカレーターなの」と、トランポリンの端に乳母車を押していく。セラピストが〈エスカレーター?、落っこちるの?〉というと「違う、下ろして」とセラピストを見て言う。〈あー、はいはい〉と。セラピストが答え、乳母車を受けとって床に下ろす。

セラピストが〈もう少しでおしまいになっちゃうから〉というと、それを制止するように、「まだいいの！」と強めに言いながら、乳母車を押すのをやめておもちゃの棚に向かう。それに対してセラピストは〈いいの？〉と言って追いかける。棚からマジックハンドを見つけ、それをぎゅーぎゅー握り、ぶんぶんとセラピストに向かって振ってくる。それに対して、セラピストは〈怖い怖い〉とバランスボールに隠れながら言う。彼はセラピストの顔を見て笑い、「あ、けんかはやめようか」とマジックハンドを床にぽいと捨て、それが入っていたカゴの中を見る。セラピストは、そこで〈うん、やめようか〉と笑う。次に彼はカゴの中から、ピコピコハンマーを見つけて、「これピコピコするやつだ」とセラピストに見せる。セラピストが〈うん、そうだね〉というと、ピコピコと、セラピストが触っているビッグボールをバシバシと叩く。そして彼は笑い、ハンマーをぽいと下ろし、またカゴのところに行き、「あ、これよく知っている」と言いながらヘルメットを持つ。そして〈これ何？〉とセラピストが尋ね、彼はヘルメットをかぶりながら「これねー」「これってねえ」……と何か言いたげ。

彼はヘルメットをかぶった後、ラケットを持ちながら「これでね、サッカーするの」とセラピストに見せる。「かっこういいでしょ、がっちゃん」とセラピストの顔をにこっと見る。セラピストが〈がっちゃん、恰好いいけどね、片づけしないとね。ママが待っているから〉というと彼は声を荒らげて「いいの、いいの。バットだ」と次にバットを持とうとする。セラピストがそこでまた、〈お片づけしないとね〉というと、「んー」といってもじもじする。セラピストが、〈きょうお片づけしないと、またここで遊べなくなっちゃう〉というと「うーん。いやだ」と泣きそうな声でいう。セラピストが〈ごめんね〉というと彼は「ほんとだよ」とイライラした声で言い、レールなどを投げやりに元のところに戻していく。

セラピストが〈一緒にしよう〉というと「うーん」と身をよじらせながら、やっとのことでうなずきながらレールを片づけつづける。電車を片づけていた彼が白い電車を見つけて「かいじ」というと、セラピストは〈かいじ？　博多行くやつね〉と言い、彼は、「博多へは行かないよ」と笑うように言って、セラピストが〈どこに行くやつだったたっけ？〉と尋ねる。それに対して彼は「箱根」と答える。セラピストが〈箱根か、全然違ったね〉と笑うと、彼は「違うよ、全然違うじゃん」と言って笑う。その後黙々と片づけが続く。彼がガソリンスタンドを片づける時に、パーツが少し取れてしまい、「取れちゃった、これどうやるの」とセラピストに尋ねる。セラピストが〈はい〉といってくっつけてくれる。さらに「んー」といいながら片づけが続く。彼はマジックハンドを持って、セラピストに対峙すると、セラピストが〈ん？　どうしたの〉と尋ね、彼は「うん」という。セラピストが〈また今度ね〉というと「はーあー」と深いため息をつく。セラピストは〈この次ね〉というと、彼は「うん」といってスリッパをはきながら、「また僕たちが行くの？　ママのところに？」と言う。セラピストは〈うん、そうね〉と言って、プレイルームを出る。

流れに添っての私の連想

ニコニコとかけよってきてプレイルームに入る、という彼の動きからは、彼がプレイルームに来ることを楽しみにしていることがわかります。そして彼はまっすぐに箱庭のところに行き、箱庭の台に置かれている小さなほうきとちりとりをみつけて手に取り、「あった！」と言ってセラピストの顔を見ます。彼の関心は箱庭ではなく、このほうきとちりとりにあるようです。しかしセラピストをぱっと見たということも、何か意味があるようです。そして彼は、トランポリンの上を掃除しはじめます。

この時トランポリンは、実際にはひどく汚れていたわけではありません。しかし彼は、誰かここで遊んでいた人が足で乗ったから、汚れているんだよ、と語ります。ほかの人の気配や匂いを消そう、自分とセラピストだけの世界に清めよう、とでもしているのかな？　という連想が私のなかにわいてきます。しかしそれは、彼にとってさほど関心のあることではなく、セラピストとすごい、すっごい、ということばで遊んだ後、ぽいっとほうきを捨てて棚に目を移します。ということはつまり、彼にとっては掃除をするということは、それ自体が重要なのではなく、それによってセラピストの関心を集め、セラピストとやりとりをする、という導入のための道具だったのではないか、と思います。これはつまり、そういう関わり、つまり自分のことだけをしっかり見て、自分とやりとりをしてくれる関係そのものを、セラピーのなかで一番強く求めている、というメッセージであると私には感じられました。

そして「んーと」と前置きをしてから、「ガソリンスタンドやろうかな」と言います。ガソリンスタンドとは、給油したり車をきれいにする場所です。しかし彼はそのガソリンスタンドのなかに、取れている部分（壊れているところ）を見つけます。全体として完全ではない自分、が象徴的に現されているようです。しかしそれを彼自身がよく見て自分で直し、車を探して持ってきて洗車します。やはりここでも、洗車をしながら電気掃除、ということばがでてきます。どうもやはり、彼には掃除をする必要があるようです。私はここで『掃除＝ほこりをはらう、元通りに戻す、余分なものを落とす』というようにことばの連想ゲームをしてゆきました。そうしてゆくと、彼はもしかしたら、自分にくっついてしまっている余分なものを、落として元に戻す、ということをセラピーのなかでしようとしている、のかもしれないというようにも読みとれます。そして『掃除→ガソリンスタンドでの給油→ガソリンスタンドの部分が壊れてそれを修理→修理が完了→車の洗車』という一連の流れからは、彼がそういう自分の問題を積極的に自覚しており、解決していこうとする意欲が示されているように感じました。

電気掃除から電車掃除を連想した彼は、次に線路を探します。が、自分の考える線路がなかなか見つけられません。しかし一生懸命に探して見つけることができ、セラピストにつなげ方を指南し、二人で一緒につなげてゆきます。しかし、彼はただ普通に床に線路を敷くだけでなく、高架をつくろうとします。が、それはうまくいきません。これは彼の要求水準の高さ、やりたいことが高度であることを示しています。そして「何か変だね」と、おかしさをセラピストとまた二人で共有します。二人で線路をつないでいくなかで、セラピストと彼の間に静かでよい雰囲気が流れています。高架の倒れたところをセラピストが彼に指摘し、直しておくと伝えたところ、「ありがとう」と彼からお礼を言われます。彼がこの二人の間に流れている時間と関係を、とても心地よく味わっている雰囲気が漂ってきます。でも、この二人の間に流れているものは、よく考えてみるとごく自然な普通のことであり、にも関わらず、彼がこれだけ求め、繰り返し味わっているということは、逆に、日常の生活のなかで彼には、このような時間があまりない、ということを物語っているようにも思われました。

実際、彼は保育園で延長保育のあと、家に戻っても休みの日も、ほとんど一人で遊んでいます。おとなが一緒に遊んでくれたり、自分が勝手に遊んでいる様子を、誰かに見ていてもらっている、という子どもが味わう普通のことが、彼にはほとんどありません。だからこそ、彼にはこういう、自分本意でまったりと一人で遊んでいる雰囲気を二人で一緒に味わう関係が、とても大事なのだと思います。それがまず、このセラピーでできるとよいことの一つです。

ここで彼は、赤い鉄橋を手に持ち、これが何のためにあるのかをセラピストに尋ねます。でもこの時セラピストは、ただ同じことをくり返しています。これは単なるおうむ返しで、相手は、手応えを感じることはできません。彼は基本的に自分で考え、自分で発見してゆくことができる子どもです。でも、いわゆる鉄橋が何のためにあるのか、ということをセラピストが知っている範囲でよいので伝えてあげても、彼にとって何かの妨げになるということは、ないように思います。わかっているのに出し惜しみして考えさせようとしているのは、よくないと思います。その後の流れも、彼が一所懸命何とかしようとしているのに、一歩引いて見ている感じで、どこか本気でコミットしていないひややかさを感じます。

もしかしたら、彼もそう思ったのかもしれません。やがてセラピストがレールをあまりつなげていない、と文句をいいます。それに対してセラピストは、彼がうまいから見とれていた、と伝えます。彼は恥ずかしそうにしながらも、ちょっと自慢気な雰囲気です。素直ないい子だなあと思います。そして、にこにこ顔で次のトーマス線路の箱をみつけ、箱を開けてレールをつなげてゆきます。しかしここでも先と同様に、うまくいかないという事態に遭遇します。彼はここでも、いろいろ試行錯誤をします。さきほどのエピソードでもここでも、基本的に彼は何とか事態を打開しようと頑張る子だということが、わかります。しかしここでは、うまくいかないところをちゃっかり、セラピストにやっておいて、と託します。このあたりのちゃっかりさは子どもらしく、いい感じだなあと思います。すでに彼のなかで、ここ（プレイルーム）では子どもっぽさを出してもいいんだ、というリサーチが働いているのだと思います。だから、これまで『あった』けれども『しまっておいた子どもっぽさ』は、これからどんどん出てくることと思います。

ここで彼は前のレールに戻ります。そして新幹線、かいじ、地下鉄と、電車が次々出てきます。先頭車両のない電車を見つけては「頭がない」と。その通りの表現です。次に、石油タンクの列車をみつけて、ミルクタンクだと称します。次々に言い換えていくさまからは、ことばが達者な少年だということがわかります。そして石油、すなわちエネルギーをミルクと言い換えます。このミルクという響きからは、彼がミルクを望んでいる感じ、ミルクが自分のエネルギーになるということが暗々裏に語られているように感じられます。つまり彼は礼儀正しい少年だし、能力も高い子どもだけれども、まだ甘えたいし、甘えが欲しいと願っているという感じが響いてきます。

次に彼が溝にはめてゆくむずかしい作業を、こうすればいいんだよ、と、またしてもちょっと生意気に語るくだりがでてきます。そしてうまくいくと「ほら！　できたでしょう」と自慢気です。これはうまくいかないところを笑った、セラピストへの仕返し的な意味もあるのかもしれませんが、それだけでもなさそうです。彼はこれまで、常に自分はできる人で、セラピストはその自分のできたところを見せる相手、というような位置づけにしてきています。つまり、自分が常に相手よりも上なのです。

これが友だち関係ならば、友だちはいつも下におかれるので、つまらなくなるでしょう。ここに彼の対人関係の問題が出てきているように思われます。そうだとすると、この生意気に自慢する彼に対して、ただ受けとめて流すだけではなく、どのように返してゆくか、ということが、セラピーで考えなければならない課題になると思います。

こうしてつくったレールに電車を走らせるにあたり、彼はもっと大きな駅をつくる、と宣言します。荷物をいっぱい降ろせるから、というのがその理由です。ここからは、彼が年齢以上に大きな荷物を抱えていて、どうやらそれを降ろしたいと思っているらしきこと、がうかがえます。『ミルクタンク』がもっともエネルギーになるのは、赤ちゃんです。赤ちゃんらしさ、というか、子どもらしさが彼には少し欠けています。もっと彼に足りない、子どもらしさがあふれてくると、彼はずっとバランスがよくなってくるのではないかと思います。そう考えていくと、このセッションのあちこちに見られる彼の生意気さそれ自体も、彼にとっては、荷物の一つなのかもしれません。片方がなく、傾いている駅を何とか傾かないように試行錯誤して何とかできて、このことに彼は満足します。これは頑張ってうまくできた、という肯定的な意味にもとれますが、同時に無理矢理にでも何とかしていく、という彼の強引さのあらわれ、をも感じます。

ここでセラピストが時間が半分たったことを伝えると、まだいいの、という『お帰りしぶり』のことばがかえります。ここでも子どもらしさがあふれていて、私は彼の健康度の高さを感じてほっとします。ここで時間という制約を現実的に告げられた彼は、輪投げに向かいます。ここでも彼はセラピストと一緒に、顔を見合わせることを何度もします。次に彼の視線はホッピングに移ります。セラピストにやってみるように言い、うまくできないと、むずかしいでしょうとやや勝ち誇ったように語ります。ここでもちょっと生意気がっちゃんが登場します。と乳母車を見つけてその中に乗せる人形を探します。それは人形がいいが丁度いい大きさの人形が見つかりません。やっと箱庭の中の人形を一つ乗せます。ここでセラピストは弟の話を急に持ち込みます。彼には弟がいるのですが、それがこのセラピーの、この状況で突然入ってくると、現実とファンタジーの世界が混濁します。ですから、ここでは、こころのなかで連想してもよいですが、実際には言わない配慮が必要です。彼は急に非日常であるプレイの状況から、現実にひき戻されて混乱したと思います。だからエスカレーターといって、トランポリンの端っこに乳母車を押し、トランポリンの下に降ろしてしまったのではないかと思います。

このように現実の世界を持ち込み、彼を困惑させた直後に再度セラピストは、時間が終わりになることを告げます。この時間の伝え方はまずいのです。というのは、気持ちが落ち込んでいる時に、さらに自分の気持ちに逆らって、自分を抑えなければならない話題をふられると、それを受けとめることは、そうでない時よりも一層むずかしいからです。この直後、彼はマジックハンドを力をいれて握ります。握る手に怒りが感じられます。セラピストには、殴られるかもしれない、というような切迫感すら伝わってきます。その危険を感じたセラピストは、「怖い怖い」といいながらボールの蔭に隠れます。と、それを受けて彼はすぐに、「けんかはやめよう」と仲良しを提案します。そのために、彼がせっかく抱いたまっとうな怒りは、中途半端なままになりました。そしてこの、中途半端になった怒りは、ピコピコハンマーで彼がビッグボールを叩くことで表出されますもちろんここで、セラピストが実際に殴られるのではなく、ビッグボールが叩かれたのはよかったのです。問題は、彼がすぐに「けんかはやめよう」と言ったことの方です。ここで彼のなかの『よい子』が顔をだしています。というのは、これはいわゆる『けんか』などではないからです。でも彼にとって、相手が自分に対して震えたことで、二人の間に生じた現象を、『けんか』と捉えて、それは抑えなければならないと思い自分からひいたのでしょう。また同時に、彼は力を入れて握った自分の腕に、秘かに相手を打ちのめしたい怒りを感じたので、『けんか』ということばを使ったとも考えられます。ここに、相手との間に緊迫感が生じると、自分の気持ちを放りだし、その緊迫感そのものを消し去ろうとする彼のなかの動きをみてとることができます。だからこそ、社会的には問題は起こらないのですが、彼自身の気持ちのなかでは、収まりがつかないのだと思います。おそらく彼には、このような中途半端に諦めているまっとうな感情が、たくさんあるだろうことが推測されます。だからこそセラピーでは、彼が中途半端に諦めるのではなく、主張するところはしっかりと主張できるように、してゆきたいものです。

バシバシと叩いた後、彼はすっと棚に行き、ヘルメットを見つけ、その解説をはじめます。この間のつながりのなさからは、自分が荒っぽい行動をしたことを、早く忘れようとしているこころの動きを感じます。しかしここでもまた、セラピストは母親が待っているから、ということと、片づけをしないと、ということを提唱し、彼に声を荒らげられます。でも、ここでは先とは反対の反応が出ています。声を荒らげて怒っているのは、これもまっとうな反応です。ただそれ以前の問題として、ここでのセラピストの対応は、よくありません。一つには、この瞬間の彼の気持ちを無視してしまい、やみくもに終わらせようとしていることであり、次には、終わるということは、母親が待っているから終わるのではなく、一応決められた時間だから、守ってね、という依頼を私たちセラピストはクライエントにしていることを忘れてしまっている点です（このことはだいちゃんのケースに詳述しました）。さらに加えるならば、ここまで熱い思いでセラピストと関わっている彼にとっては、時間で終わるだけで精一杯でしょう。いらいらしているなかでは、注意は一生散漫になりますから、ここでは彼に片づけを要請しないほうがよいのです。

しかし何と、彼はしぶしぶ片づけを手伝ってくれます。ここにも『（ものすごく）よい子（で自分の気持ちを押し殺すことが得意）の彼』が登場します。せっかくのセラピー場面なのですから、よい子の彼に助けてもらっては、セラピーにはなりません。ここで面白いことに、ちょっと前のセラピストと彼とのやりとりが再現されます。彼は「かいじ」という名前の電車は博多へは行かない、箱根に行くのだ、と言い、セラピストの答えが全然違うと言って笑います。ここには笑ってはいるものの、ちょっとセラピストをだめだなあ、とあしらう雰囲気が感じられます。またしても、ここで、自分が上でセラピストが下という構図が登場します。そしてここで、最初にガソリンスタンドの取れていたパーツをセラピストが直したところが、再び壊れてしまい、それを再びセラピストは修復するということが起こります。ここで上下関係になった関係は、セラピストが直したことによって、対等なものに修復されます。

ここで彼はふたたびマジックハンドを持ち、自分たちが母親のところに行くことに対して、何となく不満を表明しながらプレイルームを後にします。思うに、彼がマジックハンドを持った時、先の怒りの気持ちが心によみがえったのではないかと思います。それをセラピストが「ん？」とぼかしたことで、彼もぼかし、平和に部屋をでてゆきます。これはこれでもよいのですが、セラピストとして、もっと彼の複雑な気持ちを慮るならば、こちらの複雑さを込めてひとこと「がっちゃん、ありがとう」としっかり目をみて感謝の気持ちを語る、というやり方がよいように思います。これで、彼も報われると思います。

一般的に、セラピストとしてはプレイルームを出る時に、できるだけ子どもが嫌な雰囲気にならないように注意します。このケースであれば、セラピストがガソリンスタンドを直したその瞬間に、「じゃあ、出よう！」と、とっととプレイルームから出てしまえば、比較的気持ちよく出ることができたのではないかと思います。また、自分が母親のところに行くことに対して、せっかく不満を表明しているのですから、セラピストは「これまでは、がっちゃんがママのところにお迎えにいったけど、次はママにここにお迎えにきてもらおうか？」と尋ねるとよいのです。ここで重要なのは、ママが来ることでも、彼が行くことでもありません。結局はどちらでもよいのです。そうではなく、彼の主張は、本当にそのとおりなのだ、と承認することが大事なのです。それが伝われば、彼は自分がお母さんのところに行くことは、何でもないことなのだと思います。彼は小さな火炎放射器のように、その時瞬間、まっとうな怒りという火を吐きますが、すぐに自分で鎮火させてしまいます。だからこういう機会を捉えては、ただ何となく彼がひいてしまうのではなく、ちゃんと気持ちをくんであげることで、彼は自分の気持ちを収めやすくなるのです。それも、このセラピーでできるよいことなのです。

このように彼のプレイでは、彼のなかでおそらくは足りなかった、自分が遊んでいる時にたっぷりと見守り、一緒にいてくれる人との『二人の世界』のなかで、好きに遊び、好きにしゃべることを通して、知的に高いことはよいことだけれども、そのために過剰に自分の感情を抑えてしまわないこと、そのために、しまいこんでいた子どもらしさをもっと発掘し発揮させてゆくこと、頭で表面的に処理するだけではなく、気持ちも含めて考えながら全体的にバランスをとっていけるようになること、といったことが彼の現在の課題であり、それが変わってゆくと彼はもっと安定し、結果として他者とも穏やかにやりとりできるようになってゆくのではないか、そのために一緒に伴走をするのが、このセラピーの目的といえるだろう、と考えました。

〔参考文献〕

神田橋條治『治療のこころ（巻二・精神療法の世界）』花クリニック神田橋研究会、一九九七年
ユージン・T・ジェンドリン（村山正治、都留春夫、村瀬孝雄訳）『フォーカシング』福村出版、一九八二年
森さち子『かかわり合いの心理臨床―体験すること・言葉にすることの精神分析』誠信書房、二〇一〇年
西平直『教育人間学のために』東京大学出版会、二〇〇五年
田中千穂子『心理臨床への手びき―初心者の問いに答える』東京大学出版会、二〇〇二年

第4章　セラピーのなかの工夫と冒険

セラピーの『きまり』

どのような形態のセラピーであれ、こういう時にはこう対処するとよい、これはしないように、というような、いわゆる『きまり』が設けられています。面接時間を一定にすることや、セラピーの間隔をきめること、プレイルームはあちこち気分で変えずに同じ場所に固定する、プレイルームのなかで物を壊したり人を傷つけたりしてはいけない、等々がそれにあたります。どうしてプレイルームを変えないほうがいいのか、なぜ時間は相手にあわせて延長しないほうがよいのか、物を壊してはいけないのか、といった理由は専門書に書かれています。それは、大まかに言ってしまえば、セラピストとクライエント双方を内的にも外的にも守るためです。しかし、「それをするとなぜよくないのか?」という疑問を一度も抱いたことのないセラピストは、実際にはいないだろうと思います。

これらのことは、セラピーの経験を積んでゆくなかで、何となくそうするほうがよいことや、その理由が体感的にわかってきます。乱暴な言い方をするならば、これらの『きまり』は、セラピストが破ってみると、その意味が見えてきます。でもそれは、相手を危険にさらすことになるので、簡単にしてみるとよいとは言えません。わからないうちは、先達が言っていることには、一応それなりの理があるのだろうと考え、守ろうとするところからセラピーを始め、ずっとその疑問を抱えていくのが安全です。スタートの時点では、『とりあえず』そうするとよいのです。

とはいえ、いわゆる『教え』とか『きまり』といわれているものを金科玉条に守り、何も考えず、何の疑問ももたずに、ただ盲従するのはよくないことです。セラピーとは「これでいいのか」「どうしてこうなのか」「どうしたらよいだろう?」と、さまざまなことを常に迷い、いつも考え、くり返し悩むのが重要なひとつの仕事だからです。このケースでこうしたから、次の似たケースで同じようにしても、成功するとは限りません。セラピーとは、一つひとつのケースごとに常に、一から考えなければならなりません。それがこころの手あての原則です。つまり大枠の部分は、システム化させたりマニュアルをつくることができても、肝心要の『実際の手あて』に関しては、個別に柔軟に考えることが要請されます。この二重構造が心理療法の特質なのです。

私はセラピストとして、いわゆるきまりや定石を基本的には守っていますが、時にびっくりするほど逸脱させることも、してきています。それは、セラピーの常識をわかったうえで、それを時に自覚的にはずすことがある、ということです。セラピーで私は、その人にとって、何をすると治療的になるか、ということだけを考えて関わっており、私の頭のなかには、いつも、いろいろな工夫やアイデアがわいています。うまくいっていない時、私はどうしたらよいか考えます。そして、『こうするとよいかも』と思うことをやってみます。うまくいかなければまた考え、別のアイデアを用います。しばしば私がした突飛なアイデアは、そのケースをよい方向に劇的に転換させる展開点になりました。

これが意味しているのは、心理療法は、教科書に書かれているような正攻法だけで行えるものではない、ということであり、むずかしい状況やケースほど、セラピスト個々人の創意工夫に負う部分が多くなってくるのです。

私は知能検査もとりますが、いわゆるハンドブックに書いてあるような標準的なとり方は、あまりしたことがなく、できそうな課題からスタートさせるなど、その人がもっている能力を最大限に発揮させることができるような、さまざまな工夫をしています。というのは、こうすべきと本に書かれてあるとり方は、心身共に健康で、かつ耐久力も十分にある標準的で健康度の高い子どもやおとなを対象とした場合にのみ可能であり、実際に検査を依頼されてくる人は、精神的に具合が悪くなっていたり、知的な遅れが予想されていたり、注意集中がきわめて短いなど、何かしらの問題を抱えている人であり、そのうえふだんその人がもっている耐久力や集中力よりも、落ちている場合がほとんどだからです。

ですので、ベテランの現場の知能検査や発達検査のテスターは、マニュアルにある『正しいとり方』は一応は守りつつ、検査を受ける人にとって、検査をしたことが本人の利益につながるようにということを中心に考え、たくさんの『ちょっと違うやり方』を工夫し、できるかぎり検査を受けやすい状況、続けられるような工夫をしています。ただ、そういった工夫は個人的にしているだけで、とりたててどこかに書いたり語ったりはしません。でも、そうしていかなければ、心理臨床的に課題を抱えている人への検査はとれないのです。このような柔軟性の高い優れたテスターたちによって、わが国の心理検査の現場は支えられているのです。

これはセラピーでも同様で、それぞれのセラピーにおける小さな逸脱や、時に、「ふだんしないこと」をすることは、そのクライエントにとって役立つことが多いのです。ただ、ことさらにそれを公けにしないのは、現場の心理臨床家にとって、そういうことをするのは、ある意味、あたり前のことだからだと思います。というのも、私が事例検討会やスーパービジョンで出会うケースのなかには、いわゆる苦し紛れの機転によって、事態を打開しているものがたくさんあるからです。このように実際のセラピーは、基本的なものは土台の部分で守りつつ、そういう一種逸脱のように見える臨機応変の工夫や発想によって枝葉の部分が支えられ、その相乗効果で動いています。セラピストが苦しい時ほど、ユーモアや遊びごころがセラピストを助けてくれます。ですから今後は、やみくもに「してはいけない」ときめつけて、自分のなかで葬ってしまうのではなく、どういう場合にはどういうことが役に立ったか、というような数々の発想や工夫がたくさん表に出てきて、それを互いに分かち合ったり、検討してゆくことができると、わが国の心理臨床はさらに豊かに実り、収穫の時期を迎えることができるのではないかと思います。

その先駆け的な意味を込め、私はここに、私がこれまでしてきた、いくつかの突飛な工夫を描いてみたいと思います。心理臨床とはセラピストが精一杯、頭とこころを自由に開放し、想像力をはたらせて、遊びごころも豊かに使って行うクリエイティブなものであり、それゆえ常に工夫と冒険の連続なのです。

終了時と開始時の工夫

空想と現実のはざまで

私が冬子に会ったのは、彼女が小学校三年で不登校になった時でした。彼女は首のすわりは生後四ヵ月、おすわりは六ヵ月、つかまり立ちは八ヵ月と、ちょっとゆっくりペースだけれども身体的には比較的順調に育っていた、ダウン症候群の女の子です。小集団での療育をへて、三歳から小人数の保育園に入園し、その頃からことばがぐんぐん育ち、よくしゃべり、パントマイムでも補いながら人と積極的に関わっていました。保育園ではダンボールを見たとたんにお店をつくって買物ごっこをするなど、同年齢の子どもの中でも、飛び抜けて面白い遊びを工夫する、イメージの豊かさがあり、常にたくさんの友だちを仕切って遊んでいました。知的な障碍は軽く、当時の課題として、決まった時間で終われないという、切りかえのむずかしさがあったのですが、両親は人とたくさんの関わりがあるなかで育って欲しいと、通常学級に入学させました。

一〜二年の間は彼女のペースを尊重してくれる先生に支えられ、元気に通っていました。でも三年になり、クラスのペースに合わない彼女を、何かにつけて叱り、「ここにいるべきではない、心障学級（現在の特別支援級）に行くべきだ」という先生に変わったことから、ぎしぎしと音をたてて歯ぎしりをする、鼻をクンクンとならす、首を横にかしげるといったチック様の症状が現れ、頻繁にクラスから出奔するようにもなりました。そのために親が監視のために付き添うことを先生から指示されたのですが、それに彼女が猛烈に反発し、「私は学校には行かない」と学校を拒否するようになりました。私が彼女のセラピーを担当することになったのは、その時でした。

はじめて会ったとき、冬子は緊張し、暗い表情でうつむいたまま座っていました。自己紹介をしてから、面接室よりも遊ぶおへや（プレイルーム）がいいと思うのでと誘ったところ「いやだよ」と反射的に反発しつつ、とはいえ、遊ぶおへやという響きに、身体はすでに前のめり。「せっかく来てくれたのだから、ちょっとのぞいて見てみない？」と誘ったところ、「ママも一緒なら」と。「もちろん一緒よ」と私は言い、みんなでプレイルームを見に行きました。と、たくさんある玩具に「わーっ」と歓声をあげて、ただちに遊びがはじまりました。私は少しお母さんのお話を聞いてから、彼女の遊びに加わりました。レジスターで買物ごっこ、車掌さんになって切符にはさみをいれる、といった遊びをしながら、同時に彼女は私がどのように関わるのか、じっくり観察しています。玉ころがしをしている時、うまく玉がゴールせず、途中で玉が落ちてしまいます。この時、彼女はどういうメカニズムでうまくいかないかを、考えているように見えました。でも、よくわからないようでした。そこで私は、少し待ってから「もしかして、○○を○○するとどうだろう？」と提案してみました。「そうね」とやわらかい声で彼女が言い、それを自分でやってみようとするのだけれども、どうもうまくいきません。そこで私が「お手伝いしようか」と言ったところ、「そうね、お願い」と。そこで私が直したところ、うまく玉が転がりました。「やった！」と思わず二人の笑顔が重なり、はじめてしっかり目と目が合いました。この時、彼女のくるくるっとしたまんまるい目のなかに、イタズラっ子のような笑いの炎がともっていました。

このエピソードだけでも、彼女は自分の力で何とかやってゆきたい人だとわかります。だからこそ、こういう押しつけがましくない、控えめな助力が、彼女に合っていたのでしょう。学校の先生に対する怒りから、人は選別しなければならないことを学んだ彼女は、私との間にもしっかりと距離をおき、この間、ずっと用心深く私を観察していました。そしてこの時はじめて、彼女は私を、自分にとって悪くないかもしれないと、こころを許しはじめたのだと思います。

これに続いて、彼女はごはんセットを用意して、ガスコンロに点火して、フライパンを乗せて調理しました。お母さんをよく見ているのがわかります。彼女はおかずをたくさんつくり、二人で食べていると、「あ、煙がみえる！」と。ガスコンロで変なものを燃やして火事が起こってしまいました。さあ、大変。二人で慌てて火を消してゆき……、という遊びのなかで終了の時間が近づいてきました。そのことを伝えるものの、彼女は「あ、煙がきたよ」「先生のとこに煙がいったよ」と、時間のことは、まったく聞こえない風です。彼女の遊びにある程度のりながら、何とかこの日は、一五分延長して終わりました。

ここから私と彼女の、お帰りをめぐる攻防戦がはじまりました。通常子どもたちは、最初のうちは配慮も遠慮もあるので、ある程度は、終了時間を守りますが、慣れてくると自分を主張したい気持ちがでてきます。そうなると、お帰りしぶりをするようになります。これは自然で健康な反応です。そこで、強引にこちらのペースに合わせようとせず、相手の帰りたくない気持ちは充分に汲み、「もっと遊んでいたいよねえ」「うん、遊びたいんだ」というやりとりをへて、実際には少し時間を延長しながら、「残念だねえ、もっと遊んでいたいよねえ。でもお時間になっちゃったねえ。今度待っているから、その時にまた遊ぼう」というように、セラピストは十分に子どもの気持ちの迷いを味わいます。誰かが自分の気持ちを汲んでくれるから、子どもは行動としてはあきらめることができるようになるのです。こうしてお帰りしぶりを通して、自分の気持ちと現実との間の折り合いの仕方を、子どもは身につけてゆくのです。その繰り返しで、自分のやりたいことを通常の枠のなかに収めてゆくことができるようになるのです。お帰りしぶりには、こうした、人が生きてゆくための重要な課題がつまっています。ちなみに私はお帰りしぶりに関する対応は、かなり修羅場をへているので、うまい方だと思います。しかし冬子の場合は違っていました。最初の一五分の延長などは、ほんの序の口、二〇分延長、あるいはもっと、になることも起こってきました。これはつまり、次のセラピーにくいこむことを意味しており、私はあせり、真剣に困ってきました。そこで、彼女とのセラピーを分析してみました。

通常子どもたちが帰り際にするのは、終了時間がわかっているからこそ、何とか強引に引き延ばそうとする動きです。それに対して彼女は、終了間際であることは、それほど大きな要因ではないような感じです。一体どういうことだろう？　と考えました。

彼女は幼少期に、切りかえの困難さがあることを指摘されていました。それは単に聞き分けがないとか、自分勝手、しつけがなっていない、ということとは、何か違う気がしました。ダウン症特有のこだわり、というラベルもぴったりきません。別の何かがあるようでした。ちなみに彼女は、紙切れ一枚からでも、ものがたりをつくり出せる、とっぱずれた想像力をもっています。何かを見てピンとくると、途端に彼女の想像力はどんどん刺激され、勝手にふくらんでゆくのです。つまり、彼女の頭のなかに浮かんだものがたりが、自然発生的にどんどんふくらんでゆき、その結果、自分で途中でうちきる、ということができない状態になっていくように私には思われました。これは、その出発点では、彼女がそのものがたりの紡ぎ手であったのに、次第にものがたりが勝手に動きだし、彼女がひっぱられていくというような感じです。

というのは、私が最初から時間の枠を伝えたり、終了時間の大分前から告知しつつ、意識してもらえるようにしたり、「本当にこれでおしまい！」ときっぱり言ったりというような、ふつうの対応をしても彼女には届きません。意識的に拒否しているというより、どうも彼女の意識がそこに『ない』から、はいってゆかないのです。これは、彼女自身がものがたりのなかにまきこまれてしまっており、彼女がコントロールできない、ということなのだろうと思うのです。このように、彼女は、空想と現実の世界とのバランスが悪く、ともすると空想の世界のほうが優位になってしまい、それがお帰りしぶりのなかにはっきりと現れている、と私は考えました。

もしそうだとするなら、通常の対応では響きません。そして数回のなかで、彼女がこの自分の傾向をコントロールし、きちんとお帰りができるようになる力を育てるのは、むずかしいだろうと思われました。帰る帰らないというバトルで、プレイセラピーのおしまいに互いが嫌な気持ちになって、強引にしたがわせることをするくらいなら、セラピーはしないほうがまだましだ、とすら私は考えました。彼女が三年の先生との間で登校を拒否したのは、厳しい先生で枠を押しつけてきたから、というのが表にでている理由です。想像力を抱えきれずにあっぷあっぷしている彼女に対して、厳しく現実の枠をはめて対応しようとしたのが三年の先生でした。私には先生は、このような彼女の抱えている課題を理解したうえで行った行為とは思えず、ただ一方的に枠を強制しただけのように思われました。

でも一～二年の時に彼女は、彼女のペースを尊重してくれる先生に出会い、そこでは何とか学校の授業の枠でおさまることができていました。ということは、コントロールは不可能ではないはずです。そしてこのことは、緩い枠のほうがうまくいく、ということを示していました。私は、彼女のセラピーのなかで、彼女のこの勝手に紡ぎだされてゆくものがたりを、ある程度のところでおさめたり、区切ることができるようになることが、これからの彼女の人生にとって有用な援助になるだろう、と考えました。その緩い枠は本当に緩さが必要だろうと考え、私は思い切って、彼女のセラピーでは二枠を続けてとることを覚悟しました。時間など、最初はふっとんでいた彼女だったので、最初は大幅にでっぱっていましたが、二枠をあてることで私が余裕をもって対処できたので、少しずつ、ある程度のところで区切りをつけようという試みに、「まだよ」とことばで対応が返ってくるようになり、半年ほどたつと、通常のお帰りしぶりと類似したところにまで来ました。そして、ものがたりを区切って、次の楽しみにとっておく、から、適当にものがたりを縮めさせて終わらせる、ということができるようになるまで、一年ほどかかりましたが、一年で完璧に、通常の一枠のなかにおさめることができるまでになりました。そしてそれ以降、彼女が時間を延ばすことはありませんでした。

終了の時間を守るということは、とても大事なことであり、私はもし次の時間があいていても、安易に時間を延長することはしていません。現実の枠があるからこそ、その中身が守られ、意味あるものになるとわかっているからです。しかし同時に、どうにも終了がむずかしい子どもの場合、しかも、ただお帰りしぶりをして、我を通そうとしているだけではなさそうな場合には、一体何が起こっているのか、問題は何なのかを、私はまず、よく考えます。それをせず、ただきまりを押しつけていくと、その子どもの抱えている問題の困難さ重さを見逃すことになりかねません。冬子の場合は、よくよくの事態であると判断したので、こうしました。でも私の三〇年のプレイセラピストとしての経験のなかで、二枠をとって対応したのは、彼女ただ一人です。私はここで、特異的にこういう状況もありえるし、そうすることがその子どもの抱えている問題への解決に役立つ場合がある、ということをお伝えしたかったのです。

ちなみに彼女が二〇歳をすぎた頃から、今度はことばを用いたセラピーで、ふたたび関わるようになりました。その頃彼女は、創作ダンスをしたり、絵を描いたりと、その方面で想像力を開花させていましたが、自分が望むことと、その場や先生が彼女に求めるものとの間で、折り合いをつけることがむずかしく、相当悩んでいました。そういう悩みでこころが痛い、だから相談したいというのが、その時の彼女からの依頼でした。彼女は自分はこうしたい、ということを語りながら、それがうまくいかない現実を嘆き、語りながら整理してゆく作業を進めていました。彼女は私を『こころの病院のこころの先生』と呼んで、来院を楽しみにしていました。しかし五年ほどたったある日、通っていた教室が大きく様変わりしたこと、大好きなおばあちゃんが亡くなったこと、親が命にかかわる病気になったこと、さらには親亡き後のことを考えて、という複数の問題がいっきに押し寄せ、彼女の想像力が負の方向にひっぱられ、妄想として開花し、投薬治療をも含めたセラピーが必要になりました。親ごさんの全面的な協力もあり、一年ほどの間に徐々に彼女の病的な状態は回復し、安定をとり戻してゆきました。このように、彼女の空想の世界は彼女を豊かに育てもする一方で、つぶしてゆく方向にもはたらいてゆくのです。それほど大きなものを抱えながら、それを調整し、加減しながらどう現実世界と関わってゆくかという課題は、彼女の人生を通してとりくんでゆくほどのものであり、それが小学三年時のお帰りしぶりにも現れていたのだと思います。

私が先に退室してみた

たかくんはダウン症候群の男の子。身体的な面でも知的な面でも、その障碍は重いほうで、歩けるようになるまでに長い時間がかかりました。指先の力も弱いために玩具の操作がうまくゆきません。やりたい気持ちが先走り、からだがついてゆかないためにいらだち、しばしばかんしゃくをおこしていました。

彼は養護学校に入学し、順調なスタートをきりました。しかし三年の時に家族の転勤があり、そこで心障学級へ入ったのですが、あわずに養護学校に移りました。おそらくはこのような複数の変化に対応できなかったためでしょう、間もなく歩けない、大便をもらすなど、これまでできていたことができなくなり、目をパチパチさせるチックや幻聴も現れ、精神的な大混乱が起こりました。この時私は外出不能な彼の代わりにお母さんと会って、関わり方の相談にのりました。経過は省きますが、両親の協力のもと彼は徐々に回復してゆき、五年からぼちぼち学校に戻るようになりました。本人にとって、精神の危機ともいえるこの状態を経てゆくなかで、彼のはなしことばはぐんと増え、同時に、やりたいことも増えてきました。そのために学校でも家庭でも、あらためて、彼のやりたいことと、現実に今、自分に求められている行動との間の調整が課題となってきました。そして、そのバランスがうまくとれず、人とぶつかることが多くなってきた六年の時、彼自身がプレイセラピーに通うことになりました。

そのセラピーで私が一番困ったこと。それは、彼もまた『終われない』ことでした。彼の場合は「もっともっと遊びたい」という思いがぎりぎりとせまってきます。何を言っても何をしても、時間を延ばそうと、遊びに変えられてしまいます。さらに使う手がうまいのです。たとえば「時間になったから、ここまでにしようね」というと、「ここまでね、ここまでよー」と言って、『ここまでよ遊び』になり、「はい、おしまい」ときっぱり言うと、「はい、おしまいね」と『きっぱりいう遊び』に変えられてしまいます。やや権威的な構えでいえば、それもまた彼におもしろおかしく、両腕を腰にあてた、権威的な言い方で返されてしまいます。やればやるほど、遊ぶための素材が増えていってしまうのです。これには私も途方にくれ、どうしたらよいのか、相当に考えました。

やがて私は自分のアキレス腱を見つけました。この時私は、彼と一緒に、彼にも理解してもらってプレイルームを出たいと考えていました。というより、通常セラピーを終わる時には、子どもの気持ちをある程度おさめ、それなりに納得してもらって一緒に退室するものです。私はできる限りそうしてきました。でも、だからこそ、彼の『もっともっと遊びたい』気持ちを収束させることに失敗していることに気づきました。この手にのらないためには、私が先にプレイルームを出てしまうのがベストだと思われました。でもそうしたら、あと、どうなるかはわかりませんし、さらに収拾がつかなくなるかもしれません。でも私にはこの時、『私がいなくなる術』以外の手を思いつくことができませんでした。そこでこの状況をお母さんに伝え、了解をえたうえで、ある日のセラピーの終了時、私は

「先生さきに出ているから、終わる準備をしていてね」とだけ告げ、先に部屋を出てみました。彼は突然のことで、おそらく途方にくれたことだと思います。さすがに絶句していましたから。これもまた、三〇年のプレイセラピー歴のなかで、後にも先にもこうしたのはこの一例だけ、例外中の冒険でした。

私は部屋を出て、部屋の前にある椅子に座って待機しながら、心臓が口から飛び出してしまいそうなほど、ドキドキしていました。部屋の中は怖いほど静かです。私にとっては長い五分が過ぎた時、私は部屋をノックして「入りまーす」と言ってドアをあけました。そうしたところ、彼は遊びで高まった自分の気持ちを、この間に鎮め、おもちゃを片づけて、トランポリンの上に座って待っていたのです。この時の静かで落ち着いた彼の顔を、私は忘れることができません。

私は、自分が勝手に一緒に部屋を出たかったし、出るものだという常識に縛られ、このアイデアを思いつくことが遅れたことを、自分に対して悔やみました。当然のことですが、彼もまた、遊びたい気持ちと終わらなければならない気持ちの間で悩んでいたのでしょう。でも、私という刺激体がそこにいる限り、彼は自分ではおさめようがなかったのです。本当に私の姿が消えた時、それで彼のスイッチがオフになり、きまりを守れる彼が戻ったのだと思います。それ以降私はずっと、彼とのセラピーでは部屋の外で待つことにしてゆきました。その結果、彼は毎回、自分の気持ちを自分でおさめ、すっきりいい表情で帰ることができるようになりました。

遊びたいから自分が頑張る

ミリと会ったのは、彼女が小学六年の時でした。注意集中困難さもある高機能広汎性発達障碍と診断されている女の子です。小さい時から療育や病院に通い、さまざまな支援を受けて育ってきました。現在は地域の心障学級に通っているのですが、二年ほど前から急に落ち着きがなくなり、かんしゃくの数も激増し、いちどかんしゃくを起こすと、手がつけられなくなるほどに暴れ、自分で自分を見失ってしまうということが頻発するようになっていました。最近ではイライラし、友だちとも喧嘩をしてしまうし、モノも壊す。エネルギーが切れるまで暴れまくるのだけれども、体力があり余っているので、収まるまでに数時間かかってしまう。当然、この状態では学校での授業も受けられません。もちろん、そういう毎日も困るしつらいけれども、もっと本人がきついのは、プールや遊びの教室など、大好きな場所でも、ぶっちぎれるとわけがわからなくなって暴れてしまい、理性が戻った時にひどく後悔し、二度とそこには行けなくなり、そうやってどんどん自分の行ける場所が減っていることでした。本人は、落ち着いていればいろいろなことがわかるので、ぶっちぎれた時の自分をもて余し、そこで再び葛藤的になり、不安定になるのでした。病院で薬をもらってはいるけれども、彼女の敏感さはケタはずれに高いので調整がむずかしく、困難さを極めていました。自分も困っているけれども、それ以上に見ていてつらい、本人のこの状態をもう少し何かしてあげられないかと、お母さんが相談に見えました。

お話を聞いていくなかで、彼女は体力的には元気で、四年まではからだを思い切り使ってくたくたになるまで遊び、眠るということでバランスをとってきたものの、体力があり余るようになってきたことで、暴発が増えているように思われました。また、思春期に入ったことで、自分のなかのホルモンの微妙な変化も、彼女にはまっすぐに影響しているように思われました。もちろん、彼女は言わないけれども、自分の異質性には気づいており、そのことに対する疑問も年齢的には大きくなっていたのではないかとも思います。私はまずお母さんからこういう情報をいただいたうえで、彼女に会いました。

会うに際して、面接室がよいのか、プレイルームがよいか、ちょっと迷いました。最初から荒れるだろう、ときめつけてしまうのも、何だか違うだろうと思いましたし、緊張でひくのか、逆に荒れるか、どのくらいの時間はもち、どうむずかしくなってゆくのか、等の反応を確認したいとも思い、プレイルームに誘いました。でもそこで彼女は、入室と同時にラジコン、ピストル、積木が入ったカゴを棚からひっぱりだして、床に玩具をまき散らしました。すぐにこんがらがりが行動に現れたのです。「やめにしよう」とことばで制止をかけても、すでに気持ちがぶれていて、そのままでは制御がうまく利きません。そこで「ここの部屋にしたのは、先生が悪かった、ごちゃごちゃしちゃったね。別のお部屋に移りましょう」と提案し、いやだという文句のことばは出たものの、人生ゲームを持って出る、という提案に応じて面接室に移動することができました。ここまでのことで、たしかに刺激によってヒートアップは起こるけれども、本人がのれる提案をするならば、収束は不可能ではないということがわかります。

面接室でお母さんと話をしつつ、彼女は彼女の担当セラピストと一緒に人生ゲームのコマをいじり、遊びながら、あきるとこちらの話に入ってくるなど、一緒の空間で見ていると、ふっと落ち着くし、その逆にふっと気持ちが高まるという、その両方が交互にくるのがわかります。常にこころの中が小刻みにぐつぐつ、ぐらぐらしているのが見えてきます。落ち着いている時の事態の把握は正確です。しかし、何はともあれ、今の彼女は、まるで火にかけた中華鍋のなかでぐつぐつと音を立てている大量の油であり、その油がいつ飛び出すか、油が虎視眈々と『その時』を待っているというようなイメージがピッタリでした。もちろん彼女が油ではなく、彼女の気持ちが油であり、気持ちに彼女の主体が乗っ取られている、というような状態です。こんな情緒的な状態では、本人も家族もさぞかしきつかろう、とこころの底から思いました。

私はこの時、もしもこの状況下でプレイセラピーを導入するなら、体力的にある程度遊んで良質の疲れが実感できるくらいの時間を使わないと、かえってフラストレーションを増やすだろうと考えました。彼女が週一回、四五分か五〇分のセラピーを受けても、あるいは二時間したとしても、それで満足はできず、すぐに来る『帰る帰らない』バトルで、すべてがぶち壊しになってしまい、早晩ここにも来れなくなるだろう。それではセラピーにはなりません。そういう事態は、何としても避けたいと考えました。また、もし彼女が刺激にふりまわされないために、遊ぶ玩具を相当制限したプレイルームを準備するというのも、私は違和感を感じました。彼女にとって、思い切り身体を使うことは、どこででも必要なことだと思ったからです。さらにいま、「暴れないように頑張る」という約束をしても、守ることは到底無理だろうと思われました。以上のことをお母さんに話したところ、お母さんも賛成してくださいました。そこで私はまず、彼女の投薬治療の再調整を優先させ、お母さんとのセラピーで家庭での関わり等を相談しつつ、彼女のプレイは保留にする、ということをきめました。つまり私は、彼女のセラピーを後回しにしたのです。

当時、学校はとても熱心に関わってくれていたのですが、そのために、かえって本人の興奮が鎮まらない状況が続いていました。彼女の場合、押したり引いたり、という微妙なかけひきが奏功します。しかし学校という大勢の人がいる場で、先生にそれを依頼するのは無理なことでした。そこで学校に関しては、これまでの方針を変更して、何かあったらすぐに家に帰る、学校に行くのも遅刻したりお休みしたり、と間引きする、学校に逃げ場をつくって、そこにいてもよいようにする等々、刺激を減らす方向の対応をお願いしました。このようにちょっと環境からの刺激を減らすと、彼女自身が緩やかになり、やっと「私、疲れているみたい」と自分の疲労を自覚することができるようになりました。同時に、夜、眠れるようにもなりました。薬も調整を経て、効くようになり、家にいると、わりあい静かにいられるようにもなっていました。さらに彼女は、人が好きで遊びたいので、治療的家庭教師を探したところ、それもよい関わりとなりました。このように彼女と彼女の周辺が、不安定ながらも徐々に落ち着いたものになってきました。

この間もお母さんは相談に来ており、「ミリはいつ、プレイルームに行けるのかなあ」と彼女も行きたいという気持ちを時々表明していたそうです。私はいつ開始したらいいのかを、お母さんの相談を受けながら迷っていました。迷う理由の一つは、ミリの担当は私ではなく、別のセラピストにお願いすることにしていたために、自分でどうにかすればいい、ということではなかったからです。下手にはじめて失敗すれば、再開の機会はさらに遠のいてしまうので、セラピーを始めるならば、彼女に失敗をさせたくないと考えました。とはいえ、すっかり落ち着くことは望めません。そうしたところ、八ヵ月ほどたち、そろそろ中学を決める時期に入りり、周囲がざわついてきて彼女にとっても厳しくなってきた頃、『ここがその時期』と判断し、私はプレイセラピーに誘ってみることを決意しました。そして彼女に会った時、三つのことを約束してもらいました。「楽しく遊んで気持ちよくプレイルームを出よう」「一時間という時間の枠を守ろう」「もしここで暴れてモノを壊したり、自分や人に怪我をさせちゃったら、ここに来るのはおしまいにする」という三点です。それを告げたところ、彼女はぶっきら棒に「わかったよ」と言い、担当セラピストと一緒にプレイルームに行きました。彼女は、トランポリンのある、自由にからだを使って大きく遊べるプレイルームがいい、と決めました。そこは、彼女が最初にぶっちぎれた部屋でしたが、その日もそれ以降も、ずっとものを壊したり、暴れたり、ということがなく、落ち着いて楽しいプレイができました。

もちろん、彼女がちょっとでも暴れたら、プレイセラピーを終わらせようと私が考えていたわけではありません。ただ彼女の場合、ものを放り投げるなどの小さなほころびを許してしまうと、そこから暴発へと一気に雪崩現象が起こるので、小さなほころびの段階で、セラピストも彼女自身も、止めることが必要だと考えました。そのためにクールダウンの別室も確保しながら対応しました。基本的に彼女は元気に跳びはね、遊び、一時間をフルに使って毎週来ては、時間どおりに帰りました。玩具を運んでいる時に、すべって中のものが飛び出してしまうと、「ああ、私っていつもこうなの（失敗するの）」と、しんみりとよく嘆くのだということを、担当セラピストからよく聞きました。自分の弱いところ、まずいところをだせる場、ちゃんと嘆き、それを聞いてもらえる関係と環境が、彼女を頑張らせ、支えたのだろうと思います。

ではなぜ、どこでも暴れてしまっていた彼女が、ここでは大丈夫だったのでしょうか。思うに、プレイセラピーを保留にされていた八ヵ月の間、彼女自身に「あのプレイルームに行きたいなあ、遊びたいなあ」という気持ちがあり、それが次第に強まり、遊ぶために自分が暴発しないように、思い切り自分にブレーキをかけようとする自分を、少しずつ育てていったのだろうと思います。つまり、待つなかで、「ここだけは自分で守りたい」という思いが強くはたらき、それが彼女の弱い抑制力を徐々に強める作用をしたのだろうと思うのです。そうして自分で育てた彼女の抑制力は、彼女に、自分が失いたくない場と人を、確保させ維持させることを可能にしました。そのことは誰よりも、彼女自身の手柄であり、彼女の誇りになったのです。プレイセラピーをいつ、どこでどう開始するか、ということは、通常親ごさんが相談に来た時に、ほぼ自動的にはじめますが、本当は、始めるに際して、本人が十分にプレイできるような時期まで待つ、待たせる、という選択肢もあるのです。待つあいだに育つものもあり、育てるという発想をセラピストがもつことも必要です。

三つのケースで伝えたいこと

ここまで紹介した三つのケースで私が伝えたいこと、それはとにかく『そういうものだから、そうする』というきまりで動くのではなく、ただ、やみくもに始めればよい、ということでも、最初から厳しくすることで抑えつければよい、ということでもなく、始めるに際しても、終わる時にしても、ケースバイケースで考えよう、ということです。ちなみにこの三つのケースとも、いわゆるセラピストが厳しく強権発動すれば、それはそれで何とかなったかもしれません。しかし力をもって制圧する、ということは、外側からの圧力に従わせるだけであり、自分でコントロールする力の育成にはなりません。セラピーとは、その子どもが自分の力で自分を抑えたり、発揮させたり、ぶっちぎれたいからぶっちぎれる、というように、自分で自分の情緒や行動を調整できるようになってゆくことを援助するものであると私は考えています。

これらのケースは偶然、発達に課題を抱えた子どものセラピーです。私は発達的な課題の少ない、情緒的な課題を抱えたプレイもたくさん経験しています。発達的な課題や知的な課題がある子どもたちは、自分が格好悪いからと、適当なところで手を打つ、ということをしません。だから自分の問題がごまかされずに外側にくっきりと見えてくるのだろうと思います。それに対してセラピストが、常識の陰に隠れて適当にごまかして関わっていては、何の援助にもなりません。ですから一層、セラピストとして今、自分が何ができるか、基本の枠は守りつつも柔軟に対応してゆく自由な発想と腹をしっかりくることが求められているのだと思います。そしてそれに、きりきり舞いをしながらくっついてゆくことによって、セラピスト自身もまた、成長することができるのです。

攻撃性――解毒して妙薬へ

バラバラものがたり

先の冬子は、毎回いろいろな面白い遊びを発明し、遊びこんでゆきました。セラピーがはじまって一年ほどたったある日、お父さんからの話で、彼女がセラピーから帰ってくると、すっきりとしたいい顔をしていること、週に一度行っている塾では、ふだんは周囲の人目を気にして勉強がはかどらないのだけれども、セラピーの帰りに塾に寄ると、人目も気にせずにドリルをさっさと片づけて帰ってくる、ということでした。ダウン症の人は顔つきだけで目立ちます。学校に行っていないことにも、引け目を感じていたことでしょう。だから周囲の視線が気になっていたのでしょうが、セラピーに来ると精神的なエネルギーが豊かになるので、負い目や引け目はあっても、あまり気にならなくなるのだろうと、私はお父さんの話を聞いて思いました。

二年目の遊びで一番彼女が力をいれて毎回していたのは、どろぼうごっこで、チャンバラやピストルを使って、彼女と私が互いに『やる・やられる』というものでした。ところが私の刀では、彼女は何度切られても無傷です。その一方で、私は彼女の刀でめったぎりにされたり、矢で腕をいぬかれたりと散々です。最初はふつうのチャンバラゲームをしていて、ごっこ遊びという余裕があったのですが、この遊びがくり返されてゆくうちに、次第にとんでもない状態になってきました。彼女は私をめった切りしたあと、ほとんど放心状態になるのです。もちろん私はその時、死体となっているので、何もすることができません。死体からよみがえろうとしても、彼女に拒まれて、うまくよみがえることもできませんでした。死体と死なせた人間の二体が、その場にころがっているこの殺伐とした状況は、もちろん、彼女の苛酷な現状をあらわしていると私は感じていました。とはいえ、このままの形でこのプレイを続けていっても、彼女が心理的によくなっていくとは思えません。

彼女がこれからも、生きていく過程で苛酷な目にあうことは、いつでもどこでも、ありうることです。そういうことが生じたときに、彼女がうまく切り抜けられるような力を育てることが、このセラピーの課題であり、私の役割です。どうしたらよいかを考えました。この場合、一つはこのチャンバラ遊びをやめるという選択肢があったでしょう。でも私は、それは何か違う気がしました。彼女がやめるということを了解しないだろうと思ったことが一つですが、この攻撃的な遊びをやめて、『ない』ことにしても、この場と私が楽になるだけであって、彼女の過酷さは何も変わらないと思ったからです。でも何より、彼女にはこのプレイをすることに必然性があるのだろう、だったら、このプレイの中身を変えることが、私に課せられていることだと考えました。

そんなある日、いつものように、私のからだが彼女の刀でバラバラに切り刻まれた時、私はただやられるのではなく、「こっぱみじん！」と言って、それから自分の手足をくっつけて再生させるというプレイをしました。ただこの時、私はあわてて手足をくっつけようとするので、混乱して、自分の左手を左足のところにくっつけてしまったり、右足を鼻にくっつけたりしてしまったり、頭の上に左手首をのっけてしまったり、というおかしな『くっつけ』をしてみたのです。そして、「あ、間違えた！　アートみたくなっちゃった」「あれ、こんどは阿修羅だ！」と言いながら、その変なところにくっつけた私の手足を、ふたたび元の位置にあわてて戻そうとするです。私はこの時、こういうことを、ことばでぜんぶしゃべりながら、バタバタと元のからだに戻していく、という大げさな行為をプレイで表現してみました。と、これまで放心状態だった彼女が、しばし目をくるくるさせ、やがてゲタゲタと、心底おかしいという雰囲気で、お腹を抱えて笑いだしたのです。見事成功です。これはつまり、この苛酷さをジョークでくるみこんで、笑いにもっていってしまうという発想です。さらにこの遊びのなかで、私は、やられてもやられてもユーモアを交えながら、たくましくよみがえる自分、というイメージをも彼女に伝えたかったのだろうと思います。これからも彼女の人生のなかで、困難なことはたくさん起こることでしょう。そんな時、こんな風にジョークをつかって、『自分のものがたり』を書きかえていくことができるんだよ、ということも、私が彼女に伝えたかったことでした。

彼女はこの遊びがすっかり気に入り、約二年間毎週ずっと続きました。そして私だけでなく彼女もまた、自分も地雷を踏んで、自分自身がこっぱみじんになった後、私と同じような手続きで、左の足の指を手にくっつけては、間違えたと気づいて元に戻したり、時にはお互いの部品を交換してみて一週間そのまま過ごしてみたものの、何となく居心地が悪いので元に戻したり、というようなプレイを経て、彼女も私も、たくましく自分をよみがえらせることができるようになりました。

結局、彼女は六年の時に、彼女のことをしっかりと考えてくれる先生と出会い、本を借りに夕方学校に行く、というようなやりとりをしながら卒業証書を校長室で受けとり、小学校を卒業しました。六年の時の最後のプレイでは、彼女はプラレールをつなげて大きな楕円の線路をつくり、その上を、一〇両編成の電車が音をたてて走っていました。プラレールの広がりは、彼女自身が大きくなったことを表し、そこを動力車が力強く走っていく様子からは、エンジンを搭載した、ひとまわりたくましく成長した彼女を感じました。「私の気持ちをちっともわかろうとしてくれないような学校には、私は行きたくない」と自分から拒否して学校に行くことをやめた彼女に対して私は、空想だけが突出しないように空想と現実の間をつなげ、豊かな想像力はもちつつも、それにのみこまれてしまうのではなく、それをみずから制御し、調整し、現実を生きてゆくためのエネルギーにしてゆく切り換えのコツを、彼女と私はセラピーのなかで工夫し、育てていったのだと思います。

暴言・暴力をまぜこぜにしてみた

先のたかくんとは、私は幼少期に発達相談で関わっていたので、彼のことをよく知っていました（発達相談の詳細は『母と子のこころの相談室（改訂新版）』二〇一〇を参照してください）。彼はもともとひょうきんで楽しく、場を愉快なものにする力のある子どもでしたが、しかし、このセラピーに訪れた時は違っていました。

プレイルームで彼は私に「バカ」「チビ」「殺す」を連発しました。もともと面白くギャグを言う子でしたが、この時の言い方には、これまでの彼には感じたことのない意地悪さを感じました。「バカ」からは人に対する侮蔑を、「チビ」は相手のコンプレックスを刺激してあげつらうことを、「殺す」は、もしオレに嫌なことをしたらただではすまないぞ、という威圧感が感じられ、全体として「バカにするな」「なめんな」と言っているように感じました。おそらくこれは、単純に捉えれば、学校や社会のなかで彼が受けているであろう、ばかにされたり差別されていることへの憤りが、セラピーの場でセラピストへのメッセージとして現れていると考えられましたし、人を威嚇することでしか、今の彼は自分の存在を証明できないという、せつなさを表しているようにも読みとれます。でも、その感じに豊かさはありません。彼は言いながら、すれてすさんでいました。言えば言うほど、人を傷つけ自分も傷つけてゆくでしょう。これらはことばの暴力でしかありません。何とか彼のすれてすさんだ攻撃を緩和させ、あるいは、別のものに変えてゆくのがこのセラピーの課題だと思いました。そこでまず、愚鈍に「それってヤダな」と言ってみました。どうなるだろうと思ったからです。私はたいてい一度は、常識的な対応を試してみます。それで収まるなら、そのほうがよいからです。でもこの時は予想通り、何の響きも返ってきません。このことばでは、彼の気持ちに届かないことが明らかでした。

また彼は、自分で自分の情動をもて余し、壊すほどにレジスターを叩きまくったり、私に対して手加減なく、刀で切りつけてきました。これもモノとひとに対する暴力です。つまり、彼はそのころ、暴言と暴力というメッセージで、私に「助けて」と叫んでいたのでした。少なくとも私はそう思ってそこにいました。でも、「助けて」というメッセージに応え、助けるためには、助けてと聞こえやすいように、彼自身の発信の仕方を変えてもらわなければなりません。これもまた、自分の課題と考えました。

そこである時、私が嫌だと思っているこの暴言と暴力をコンビにして、まぜっかえす策を考案しました。あいかわらず私に対して「バカ、チビ……」といい、レジを叩いて、私に刀でがんがん打ち込んできた時、「レジスターチビ」「携帯チビ」「刀チビ」「パチンコチビ」等、彼とやりとりすることばのすべて、笑いながら「チビ」をくっつけて言ったのです。「バカ」も「殺す」も「チビ」も、ただそのまま言っても、ただの報復でしかありません。また、真剣な顔で言えば、これは私から喧嘩を売ったことになるでしょう。だから面白いことを発見した、という雰囲気で、笑顔で言ったのです。そうしたところ、彼は「え?」「何? 何言ってるの?」……と、呆然としたまま突っ立っていました。そう云ってみれば頭が真っ白、「わけわかなんないよー」という、真剣に困惑しているという感じで、棒立ちになって、立ちすくんでいました。そしてなぜだかわかりませんが、これを境に、一連の悪態はプレイルームの中から、すっかり姿を消したのです。

そしてこの変化に並行して、プレイの内容も彼が私を一方的に追いつめ、追い込み、力で制圧する関係を抜け出し、一緒に玩具の健闘ごっこで力を競いあったり、ボードゲームのなかでチームに分かれてサッカーをした後、実際にサッカーボールを蹴って、プレイルームを駆け回るという遊びに変わってゆきました。しばらくして、実際にお父さんが障碍をもつ子どもたちのサッカーチームをつくり、休みの日にコーチをし、彼もそのメンバーになるということが起こりました。

このプレイのなかでいったい何が起こったのでしょうか。確かなことは、私も相当困っていたけれども、彼もものすごく困っていた、ということだったと思います。この収束した状態からひるがえって考えると、私の困惑は、彼の困惑をそのまま受けて感じていたものだとわかります。つまり、彼が自分では何ともできないでいる状況を、プレイのなかで私に対して見せることで、自分の代わりに「先生何とか工夫して、そして僕を助けて」と言っていたのだと思うのです。

だからこそ、もしこの状況で、ただ「だめよ」「やめて」、あるいは「やめなさい」「それはよくない」というような、一般的な制止をされても彼の意図が読みとられていないので、彼へのサポートにはなりません。私のこの時のプレイルームでの対応は、おそらくはふだんの生活のなかで、おそらくはしょっちゅう言われているそれとは、全然違っていました。新鮮だったのだと思います。彼はいつもの直球には、いつものパターンで返しますし、返せます。そこには、考えるための余白の部分がありません。でも、私からのは変化球で、いつもくる反応とは違っていたので、びっくりし、こころに隙間ができたのでしょう。だから、ただ自動的に連発していた暴言が止まったというか、暴言が飛びださなかったのだと思います。そしてこれは、彼自身がはじめて、自分の暴言をとめることができた瞬間でもあったのだと思います。本来は人が好きで明るく、ひょうきんな男の子だった彼は、暴言を発していた時、すさんだ淀みの中にいました。その彼の邪の部分を覆っていた魔法が私の発した呪文で解け、自分をとり戻すことができたのかもしれません。そして彼はこの時、何かが『わかった』のではないか、と私は横にいて感じていました。

もちろん、これは収め方の一つでしかありません。でももし、私がこういうやり方ではなく、あくまでも理屈で「それはやめなさい」をくり返していったら、私は彼の行動を止めることができず、質の悪いものになっていったと思います。子どもの行動が改善しないばかりか悪化する場合は、セラピストがその子どもからのメッセージを、読み間違っていることが多いのです。それは相手が悪いのではなく、セラピストの側の発想の切り替えの悪さが問題なのです。

彼が何かを感じ、それが契機となって事態が変わったエピソードとして、次のことがあります。彼は中学（心障学級）に入学してしばらくしたある日、お母さんに「中学やめたいの。階段やめたいの」と語りました。お母さんは何が起こっているのか、先生に問い合わせたところ、遠足で山登りをする練習のために、毎日階段のぼりの特訓をさせているということを知りました。いくら体力がついてきているとはいえ、さすがに筋力の弱い彼には過酷なようで、やってはいるのだけれども、やる前もやっている最中も、ひと騒動あるということでした。

そこでお母さんは、先生にあと何回でその特訓は終わるのかを尋ねたところ、あと四回だということでした。そこでお母さんは彼に、「たかくん。階段昇りはあと四回で終わるんだって」と伝えました。そうしたところ彼は「フーン」と、だけ言いました。何か考えている様子でした。そして翌日の特訓の時には、彼はまったく嫌がらず、文句もいわず泣きもせずに、やりとおしたということでした。

もちろんお母さんは、そこまでの効果は考えていなかったようで、びっくりしたと私に後で語りました。ちなみに彼にとって、その山には小学校の時に登ったことがあって、その時の感動をよく覚えていたそうです。おそらくはその時の記憶と、何よりも「あと四回でこの試練は終わる」と期限がわかったことで、彼は挫けそうになる自分の気持ちを自分で抱え、頑張ろうとしたのでしょう。事態を理解したうえで、『楽しいことが待っている』から、今ある『やりたくない』という、自分の気持ちを抑制したのだと思います。ともすると、きまりに従うよりも、自分の思いが先行しがちの彼ですが、状況にあわせて何とか頑張る、自分のために頑張る彼が、着実に育っていることがわかります。

これは、彼がことばで理解したことで事態が変化したエピソードですが、先の私との攻防戦は、認識による理解というよりも、感覚的に『相手（セラピスト）が何か、自分の大事なメッセージを受けとったことがわかった』というようなレベルの理解だったと思います。彼はこの間、ことばを一層ものにしていったので、その発達に負うところは大ですが、それを差し引いても、彼が中学で階段のぼりの時にした一騒動は、私に対して発していたメッセージよりも、ずっと調整されたものになりました。おそらくは、彼のあばれ馬のようなエネルギーが、自分も他人も傷つけるような方向性の見えにくいものから、より自分の気持ちを統御して、それを自分のために頑張る方向へのエネルギーへと変わっていった転換点が、私とのセラピーであり、そこがそれまでの道との分岐点になったのではないか、と思います。

話さないでいい関係を維持し抜いてみた

まさくんは小学六年の時にお父さんと来院しました。お父さんの話では、彼が生まれてしばらくして、お父さんは外国に単身赴任になり、彼とお母さんが日本に残りました。四年の勤務を終えてお父さんが帰国すると、お母さんはパニックや過呼吸発作をおこし、寝込むようになっていました。お母さんはいらいらすると荒れて彼に皿を投げつけたり、成績が落ちると嫌みを言うなど、常に彼はお母さんの情緒の標的になっていました。それに対して彼は何も言わず、何も逆らわずにきたのですが、中学にあがるこの時期、受験のために勉強を強いるお母さんとの間で、とうとう彼は限界にきたのでしょう、母親を睨みつけたり、物を投げつけるなど、怒りの感情を行動・態度や表情で露わにするようになりました。そしてしゃべらなくなり、学校へも行かなくなりました。寝つきも悪く、めまいやたちくらみも出てきました。またそうなってはじめて、お母さんが彼に抱きつき、「私にはお前しかいない」と言ったり、「お前なんか産まなきゃよかった」と邪険に言ったりするなどを、くり返してきたことをお父さんが知りました。そこで、お父さんが相談に来たのでした。まさくんは基本的にやさしく、内向的で、思いやりの深い、頭のよい少年ということでした。

私が最初に会った時、彼は繊細というには線が細く、顔も青白く、息をしている感じがしないような少年でした。存在感がないのです。話をしても、わずかに首を縦にふったり横にふるので精一杯。私は会った時、『人間に痛めつけられてきた子だ』という強烈な思いが自分のからだを貫きました。お父さんの話からも、ひたすらためこんでしまう子で、嫌だと言うのを聞いたことがなかったということでした。

私は虐待ともいえるような母子関係を、親との間で長く体験してきた彼と、どのように関わったらよいかを考えました。彼はこの時、考えることを停止させることで自分を保っているように思えました。お母さんに関する話をするのは、彼をセラピーのなかで再度虐待し、追い込むことになるだろう、だからそれはすまいと思いました。また彼にとり、これまで自分の周囲にあった『ことば』は、お母さんとの間で使われてきたものが質量共に圧倒的でした。ということは、彼にとって、ことばは信用できないものであるはずです。だからことばも使わないほうがいいだろう、と思いました。何よりも、彼にとって『人は有害刺激』だったのですから、私さえも有害であるはずでした。生後一二年、ずっと不安定な関係のなかで生きてきた対人不信の関係が、そんなにやすやすと修正されるとは、到底思えないことでした。だからとにかく、彼がセラピーに来れたら、怒鳴られず、感情的にもならず、静かで安定し、落ち着いた環境があるということを、徹底的に提供しつづけることで、まずは『ここ（の場）とこの人（セラピスト）は大丈夫かもしれない』、と思ってもらえるようになることを、目指そうと思いました。そこで導入時、あなたがとてもつらい状態にある、とお父さんから聞いたので、ここに来て、その手当てができるといい、私はその手伝いをしたいと思っている、ということだけを伝えました。そして具体的なことはお父さんと相談しながら、調整してゆくことにしました。そこまでひいた私の覚悟がよかったのだと思います。彼はほかのどこに行くことも拒否し、ひきこもっていましたが、セラピーにだけは必ず毎回、お父さんと一緒に来ました。

彼は家庭でも必要最低限のことしか話さず、中学は完全な不登校をし抜きました。六年生のうちは、二人でオセロをしました。間もなくお母さんと別居し、お父さんと暮らすようになると、お父さんに小さな子のようにベタベタとくっついて歩く、という行動が出始めました。その頃は小さなラジコンを操作し、少年のようにプレイルームの中を走らせました。彼が中学に入る頃に、両親は正式に離婚し、新しい生活になりました。

そんな頃、いつもは「何をしよう?」と棚に行き、「オセロする?」にウンと首を小さくタテにふっていた彼が、ちょっと違うというふうに「ジェンガ」の前で立ち止まりました。そして以降は、ジェンガをすることになりました。このように、ちょっとだけもサインを出してくれるのは、私には画期的なことでした。それからは、私が「今日もジェンガする?」と聞き、彼がうなずく、ということが続きました。

中学に入ってしばらくすると、学校には行かないものの、休日にお父さんと図書館に行き、本をたくさん借りてきて読んだり、ゲームをして過ごすという日中になり、徐々に精神的に回復しつつありました。彼は勉強がよくできるし、好きな子だったのですが、たとえ家庭の中ででも、まだまだ勉強をするというところまでは距離がありました。彼は学校で問題があって中学に行けないわけではないので、私は何らかの形で中学とつながっているといいだろうと思っていました。彼に足りないもの、それは良質な人との恒常的な関係があることです。そこで担任の先生と相談したところ、定期的に彼の家を先生が訪問してくださるようになりました。しばらくして、スクールカウンセラーの先生も定期的に毎回一〇分ほど、訪問してくれるようになりました。彼は玄関に出ていっては、ちょっとだけ会う、という関わりをこの二人の先生と欠かさずにくり返すようになりました。ありがたいことに、この両先生の関わりはずっと続き、中学の間は、直接行くことはなかったものの、パイプはしっかりつくられました。このように私は徐々に、彼の周囲に、ことばをできる限り除いて、質のよい安定した人との関係というものを、育ててゆきました。中学三年になると、お父さんは適応指導教室に行くことを提案しましたが、彼は結局は行きませんでした。このように、彼は嫌なものはしっかり拒否する力を身につけました。それは、幼少期よりお母さんの言う通りに従ってきた彼が、自分の関心と興味に従って行動しようとし始めたことを意味していました。

ジェンガでは、私と彼とで交互に塔を倒さないようにバーをひきぬき、そのバーを塔の上に積んでゆき、塔を倒さないようにしてゆきます。私はこの遊びに、彼自身が、自分というものの土台を、あらためてしっかりつくろうとしていることを今の課題と捉えていること、でもそれは下手をすると崩れてしまうような危険さがあるので、しっかり見ていて、倒れたら立て直すのを手伝って欲しい、と彼に依頼されているような気持ちで関わってゆきました。彼は最初のうちは、やみくもにバーをひき抜いていましたが、次第に私のバーの抜き方を真似し、抜きにくいところはやめて、抜きやすいところを探したり、全体が倒れにくくなるように、バランスを考えてひきぬく、といったことを私がしているらしい、とわかり、それを目でみて盗み、とりいれるようになりました。ジェンガを通して私は人生の歩み方、つまり、無理はしない、あきらめることも時にはしてよい、でもあきらめるだけではなく、時には慎重にしてゆけばむずかしいことも達成できることもある、でも運もあれば偶然もある、というようなことを彼に暗々裏で伝えようとしていました。また、幼少期、子どもは、親が見守ってくれているなかで、遊びを通して、いろいろな試行錯誤をするものです。彼の場合は、それが今であり、だまって横にいて、見守っていく人を求めているようにも私は感じていました。このような思いでジェンガは以降ずっと、六年間くり返され、塔は無数に倒れ、そしてふたたび何度も何度も建ちました。

彼は、高校はサポート校に進みました。当初は外に出るのも人に会うのも不安で怖いと言っていましたが、お父さんと一緒に通学し、間もなく一人で通学するようになり、高校はほとんど休まず通いました。中学の間はまったく勉強をしなかった彼ですが、高校で中学のぶんまで取り戻し、大学進学へと歩みを進めてゆきました。

この間、私は必要最少限の話はしましたが、基本的にはできる限りことばを減らした関わりをしていました。そうしたところ、高校生になった頃から、基本的には寡黙ですが、必要な時には彼も自然にことばで語るようになりました。

結局彼とは、彼の抱えている心理的な問題を、ことばで直接やりとりすることはしませんでした。これほどまでにことばにしないように、と徹底したのは、私にはめずらしいことでした。彼との関係において、ことばはむしろ邪魔になる、という感覚が、最後までずっと私にあったからです。でもその一方で、不思議なことに、私は彼と、豊かなやりとりをしているという気持ちになることがしばしばでした。そこで彼が高校生になったある時、私は「まさくんとは、私は実際には何も話をしてないよね。でも、私はこころのなかで、あなたとたくさんの話をしてきたと思っているの」と伝えたことがありました。彼はそれを黙ってじっと聞いていました。その時私は、彼もまた、そう思っていたのではないか、と感じました。彼はほかのところに継続的に通うことは拒否していましたし、家庭教師をいれることも、「そんなことをしたら死んじゃう」と嫌がったのに、セラピーにだけは休まず来ていたことから考えても、このセラピーでの関係が、彼にとって悪いものでなかったことは確かなことだと思います。そして、中学の間の繭ごもりの間に必要なエネルギーをたくわえ、彼は高校に行ってしたい勉強ができるようになりました。

この彼の『喋らない＝黙る』という自己防衛は、受け身的な攻撃性といってもよいものかもしれません。これは、彼が生まれてからずっとの、お母さんとの関係のなかで育ち、身についていったものでしょう。彼は生まれつき積極的に自分からのメッセージを出すほうではなく、控えめだったのかもしれません。そのためにお母さんは、彼が何を考えているのかわからずに、あれこれつつくようになったのかもしれません。いずれにしても彼は黙ることで自分を守り、それにより、自覚はしていないけれどもお母さんを静かに攻撃していたのでしょう。お母さんは、暗々裏にそれを感じて傷つき、その結果として虐待的な関係が育っていったのかもしれません。

私がオセロであれ、ジェンガであれ、ゲームを通してしゃべらなくてよい関係をつくろうとしたのは、『ことば』を介在させたくなかったこともありますが、それだけでなく、この、彼のもともともっている受け身的な攻撃性を悪いものとしてではなく、よいものとして捉え、私が対応していることを彼に伝えたかったからでもあります。しゃべることだけが関係ではない、しゃべらない『よい関係』というのもあるし、人はしゃべりたくなったらしゃべればいい、ということも、彼に伝えたかったのだろうと思います。彼は、基本的に自分で考える内向的な青年でした。だからこそ、彼の内的な思考を豊かにしてゆきさえすれば、彼はこの状況を自分の力で抜け出し、未来に向かってまっすぐに歩いてゆくことができるだろう、とも考えました。そのためにセラピーでは、彼のことばや人間に対する不信感を少しずつ減らし、痛みを緩和させ、かつ、彼がしたくないことはしなくてよく、したいことをやれる自分になってゆくことができることを目指しました。高校生になった時も、私は彼を寡黙な青年だとは思っていましたが、その語らなさに対して、受動的な攻撃性ということばは、もはや浮かんできませんでした。黙られて困っているとか、わからなくて困るという感じがほとんどなくなってきたからだと思います。セラピーというと、何かをしたり言ったりすることが対処であると捉えがちです。しかし、このように徹底的にことばを抑えるセラピーもあるのです。

プレイセラピーで子どもの攻撃性にどう対処するか、ということが、セラピーをしているとよく話題になります。私は子どもがセラピストを攻撃し、セラピストが痛みを受けつつ堪えるというのは間違っていると思っています。痛みを与えている彼らが、それで幸せになるわけではないからです。しかし同時に、プレイルームで攻撃的な遊びが出てくると、とにかく制御して禁止し、させないようにするという関わりもあると聞きます。痛みを伴わないソフト刀が玩具として売られています。しかしそれでは何の役にもたちません。痛くない刀など、刀の意味が失われているからです。切った刀への力の入れ加減や、切りつけられて痛かったから、加減をすることを学ぶのです。また、プレイルームで禁止しても、日常の場で自分の情緒を抑制することができなければ、ただセラピストが逃げているだけで、セラピーにはなっていません。子どもがどうしても刀をふるいたかったら、パンチキックに相手になってもらうのはひとつの手です。しかしどうしても、セラピストが相手をしなければダメな場合は、たとえば全身に何枚もフリースを巻いて若干大げさなミイラになり、それで相手をするというのもひとつの手です。これはこれだけ防御しないと、痛くてたまらないのだ、ということを目でみてわからせる方法です。面白ささえあれば、そこから流れをかえることはできるのです。

「攻撃性とは、いのちの一生懸命さの、ある特殊なあらわれ」（神田橋一九九三）であり、「何とか状況を打開しようとするもがきだから、何とかそこに使えるものを探すことが大事である」と神田橋（二〇一〇）は語っています。ただ止めてしまうのでは、いのちの動きを封じることになりますし、ただ さ せていても、よい方向に向かうことができません。その行動のなかに、その子どもが訴えているものを探し、それを本人が何とかよい方向に使えるように、いのちのエネルギーを切り換えてゆくことができるように手助けすることをこそ、私たちがなすべきことだと考えます。

ときに必要な一時撤退

混乱からの緊急避難

私がのりくんのお母さんに会ったのは、お母さんがあちこちの病院に行くものの、発達的な課題と情緒的な問題が合併し複雑な症状のために、専門ではないからと断わられていた時でした。

彼は当時小学一年生。幼少期、ことばの表出は遅いものの活発に動きまわり、転んで血が出ていても全然痛がらず、痛みの感覚が乏しいこと、肌に衣服が触れるのを嫌がり、きまったものしか着ない、という傾向があることから、自閉的な傾向の可能性を指摘され、一歳半から療育や言語の訓練に通いました。それらの成果と本人の成長もあって、彼のことばは急速に増え、過敏性はあるものの、かなり融通がきくようになりました。そこでお母さんは三歳より、療育を併行させながら幼稚園に入れました。年少さんの時は、彼を見るまなざしのあたたかな担任の先生だったので、びっくりするほど早く幼稚園に慣れました。でも、年中の時の先生は、彼が何かをすると廊下に立たせるなどの厳しい対応をとったことから、手や足の匂いを嗅ぐといった行動が現れ、うつ的な状態にもなりました。でも、年長さんで再び彼を理解してくるみこんでくれる先生になったことで、彼はみるみる元気になり、現れていた諸症状は消えました。これは彼の心身の状態が、環境に直接、極端に左右されることを示していました。

小学校では補助さんがいたこともあり、一学期の間は、ぶつかった相手に謝らないなどの友だちとのいざこざはあるものの、それなりに順調にすすみました。しかし二学期に補助さんがいなくなり、あわせて運動会の練習が始まったことを契機に、彼の調子が激変しました。おそらくは、運動会の練習のために、時間割がくるくる変わることで見通しが立てられず、場の安定性が崩れたことと、適応していくことにかなり疲れがたまっていたことが複合して影響したのではないかと思います。そこでお母さんが学校に呼ばれて、毎日彼のクラスに来て、彼の横にはりつくことになったのですが、それでも、誰かがケシゴムを落とすなど、小さなことに刺激をうけ、「キャーッ！」と叫んでは机のものをすべて落とし、自分の机も倒し、教室から飛び出す、という行動が現れました。何よりも気になったのは、お母さんへのしがみつきで、お母さんがいる間、ずっとお母さんに自分のからだの一部が直接触れていないと落ち着かず、さらにお母さんの匂いを嗅がないと、自分を保てないようになったのです。これは急性の退行現象というべき事態で、とても悪い状態です。驚いたお母さんが病院に行くと、それから投薬治療が始まりましたが、薬だけではなく、彼への心理的ケアと親自身の対応の相談をしたいと考え、しかしその機会がなかなか得られず……という状態で私のもとを訪れたのでした。

私は彼が学校でコアラのようにお母さんに抱きつき、しがみついていることそのものが、まずはよくないと思いましたし、それを学校の友だちが見ていることも、まずいと思っていました。というのは、今の彼はそんなことを気にするゆとりはないものの、あとで落ち着いたら冷やかされたり、茶化されるかもしれません。誰よりも彼自身、思い出したくもない、格好悪い思い出にしかなりません。勉強するとか、友だち関係を学ぶというようなことは到底無理なのですから、そんなことをさせてまで学校にいる意味がありません。ですから一刻も早くやめさせなければならないと考えました。私はまだ、彼に会う前でしたが、学校にいる時間を短くすること、枠に合わせるよりも、その枠を緩めることのほうが大事であること、そしてもし、叫ぶことや混乱が起こったら、そのまますぐに帰宅する、ということをしてみてくださいとお母さんにお願いしました。こういう時には暴発が起きた時にどうするか、ということよりも、暴発が起こらなくて済む状態をつくること、お母さんへの過度なしがみつきを、しなくてよい精神状態に戻すことが最優先の課題なのです。

さて、はじめて来院した時の彼は、目線が定まらず、とても不安気でしたが、お母さんと一緒にプレイルームに入り、お母さんはずっと一緒だ、ということを伝えると、次第にほぐれてきました。そして玩具を見て、その刺激によって興奮が起こり、トランポリンで宙返り、ダーツを投げる、跳び箱に挑むなど、次々にダイナミックにからだを使って動きました。刺激にひっぱられ、はしゃいでいます。最初の不安が反転し、興奮がとって変わっています。やはり、彼の情緒が環境に極端に左右されやすいことがわかります。最後はボールプールのボールを全部あちこちに投げていましたが楽しんでいるとは言いがたく、自分の気持ちの調整がつかないまま、ボールを投げ散らかしている感じでした。彼には本当に、外界の変化や変化しそうな雰囲気が、じかに響いてくるのでしょう。

私の提案を受けて、お母さんは早速、学校との関係をどのようにしようかを考えてくれました。そしてまったく学校に行かないというのもよくないからと、「どこかで一回、学校に行こうよ」と彼に提案し、朝からの授業には出ずに、帰りの時間に学校に一緒に行ってクラスに入る、というようにしてくれました。最初は途中から行くことを嫌がっていた彼でしたが、少し家でのんびりできるようになると、つまらないのは嫌だけれども、何が何でも学校へ、という気持ちは減ってきました。ですので、まずはこの対処で、学校でべったりしたり、暴れる状況は回避させることができそうでした。

彼は次のプレイでは、途中から間のドアを開けておけば、お母さんが部屋の外で待機することで済むようになり、三回目には、最初からドアを閉めてしめて私と二人でいられるようになりました。この時、彼は「犬を飼った」ということを私に伝えようとしていたのですが、私がそのことばをうまく聞き取れず、「犬を買ったの?」と聞き間違えても、ていねいに「飼ったの」と二度くり返し、うんざりした声ではなく教えてくれるまでになりました。少し前だったら、相手が理解しないということに、すぐにギャーっと叫んで怒鳴り出していたであろう状況です。このエピソードからも、私との関係やプレイセラピーに、それなりに慣れてきていることで、興奮が起こりにくくなっていることがわかります。さらに彼はプレイのなかでは輪投げやダーツで、力が入り過ぎる傾向にありましたが、「まっすぐ投げてみたらどうかなあ」などと助言すると、それをちゃんと採り入れてくれる余裕が出てきて、わからないことは「どうするの？」と尋ねるなど、落ち着いたやりとりが増えてきました。

　このように学校から受ける刺激を調整したことで、彼が刺激にのみこまれ、混乱して我を見失ってゆく危機的状状況はとりあえず収まりました。次の課題は、そういう刺激を受けても、何とか自分を保っていられるようになることです。彼は、自分のなかにわき起こってくる感情や感覚をことばで表出できないために、行動で現しているようでした。また、彼は体力があるものの、身体の部位をうまく使いながら全体としてからだを動かすことができないというバランスの悪さがありました。からだの部分のつながりをよくして、からだ全体で動くことができるようになるためには、作業療法が合うように思われました。そこで、作業療法を受けることを勧めました。さらに彼は人との関係を求めつつも、うまくいかないでいたので、安定した体験のなかで対人関係の機微を学べるとよいと思い、治療的家庭教師をいれて家庭で遊んだり勉強することを勧めました。これらのことは、通常は学校で行うものですが、まだ学校では混乱が起こるので、それを回避しなければなりません。そこで彼のペースに合わせたプランを立てて、家庭の中でできるようにしてもらいました。

　枠を緩め、学校に行く時間を減らし、余裕を蓄える作戦が奏功してゆくなかで、九ヵ月ほど経つと、クラスの友だちに「なぜ、学校に来ないんだよ」と言われると、「ぼくがんばってるんだよ」と、ことばで返せるようになりました。以前なら「ギャー！」っと言って部屋を飛び出したりしていた彼でした。家でも、彼の支度がなかなかできず、出かけるのが遅くなった時には、「ごめんね。僕のせいで遅れちゃって」など、お母さんにも自分の気持ちもことばであらわすことが、徐々にできるようになりました。このようにして、彼が精神的にも成長しながら安定してゆく過程を経て、一年が経つ頃には、学校にいる時間を増やしても、基本的にはしがみつかずに過ごすことができるまでになりました。お母さんに「だっこ」と言い、「おかしいよ」とお母さんがいうと「いいじゃん」と言いつつ抱きつかないで済むのです。つまり、ことばでじゃれることで、不安やだっこしてほしい気持ちを、こころのなかに抱えることができるようになってきました。

もちろん、そうは言っても、彼の抱えている刺激に対するぶれやすさは、容易ならざるほどに大きなものがありますので、私はこれですっかり安心できて、学校で自分をコントロールできるとは考えていません。まだまだ一応の安定でしかありませんし、学年が変わって担任の先生やクラスの雰囲気が変わったり、新しいことが加われば、やはり混乱は起こることが予測できますし、そうなれば、とりあえず消えた症状が、再燃することはあるでしょう。しかし彼自身がこの一年のなかで見せてくれた変化をなぞってみると、彼は常に、不本意ながらも爆弾を抱えている少年であること、その爆弾は不調になると爆発するので、不調になったことがわかりやすいこと、その不調の原因を取り除くと、とりあえずは安定すること、安定すれば、爆弾を抱えていても対応によっては不発に終わらせることができること、等々のことが見えてきます。そして何より、これはプレイのなかでもあったのですが、呑み込みが早く、とり入れる能力が高いので、精神が安定しさえすれば、さまざまなことを吸収して成長する力が、けたはずれに高いのです。ですから、このような特性を考えながら、環境を微調整してゆくことが有用であるとわかります。セラピーというのは、ただその問題を解決しようとするだけではなく、長期的な課題を抱えている場合には、こういうメカニズムを見つけ、これから起こるであろうさまざまな事態に、自分や親たち周囲が対処しやすいようにすることも課題となります。

子どもが学校などで不適応的な行動が生じると、多く、その問題を取り除くようにと、セラピーを勧められます。彼の場合もそうでしたが、環境からの影響でその問題行動が生じている場合には、その刺激そのものから距離をとることが、何よりも有効です。というより、その環境に子どもを放置し、刺激にさらしたままプレイセラピーを行っても、一方で緩めながら一方でストレスにさらされるという状況になるので、子どもに新たな負担がかかってきます。たとえば戦争で、最前線で闘っている兵士が負傷したら、後方に一時撤退させて休息をとらせるでしょう。それと同じことなのです。そしてこの状態に対しては、刺激から距離をとらせている間に、本人の精神的な安定を回復させ、同時に同じ刺激への反応性を弱め、耐性を整える準備をするのです。それがまず、セラピーですべきことだと私は考えています。

閉じた世界でがっちり支える

私のもとに剛くんのお母さんが尋ねてきたのは、彼が間もなく四歳になるという頃でした。彼は幼稚園に仮入園するまでは、全体的に順調に成長し、なかでもことばの発達は突出して早かったのだけれども、仮入園して後、家や外で次々に事件を起こすようになりました。たとえば、彼とお母さんが乗っていたマンションのエレベーターに乗り込んできた人に、直接、指をさしながら「お母さん、この人バカみたい。はやく降りればいいのに」と。エレーベーターを降りてからお母さんが「ああいうことを言ってはいけない」と彼に言うと、「いやだー!」といって怒鳴りだし、お母さんをぼこぼこに殴ってきました。別の日のエレベーターでは、同じ階から乗ろうとした人に「一緒に乗るな。降りてくれ！」。相手が黙っていると「何で何も言わないんだ！　何とか言え！」、あげくに「このボンクラ！　あっちへ行け！　うせろ！」と叫んだなど、数えあげればキリがないほど。

毎日がこの連続で、彼は自分にとって気にいらないことが起こると、パニックを起こして喚き散らし、お母さんを殴り蹴り、ことばの暴力をもふるうようになりました。思ったことをそのまま口に出すので、お母さんが相手の気持ちを教えたり、適応的な行動を教えようとすればするほど、彼の機嫌が悪化しました。幼少期から気にいったシャツとズボンしか絶対着ない、待てない、小さな子どもが寄ってくると嫌がる、自分と母親以外の誰かがいると公園で遊ばない、ほめられると怒る、夜寝る時はお母さんが一緒でないと眠りにつけず、母が寝たと思ってそっと抜け出そうとすると目をさましてしまうというように、さまざまな敏感性と彼自身の独自性がありました。

これらのエピソードを聞きながら、私は「ではなぜ、こういう行動が、突然起こったのだろう？」と考えました。幼少期からそれほどに敏感な彼であれば、『いま、突然』に見えただけで、そういう傾向はあったと考える方が自然です。幼少期から感覚的に敏感で、夜も眠りが浅いほどに不安と緊張の強い子だったのであれば、質のよい深い睡眠がとれていなかったことが推測されます。眠りによって私たちは疲労をとり、元気を回復させます。とすると彼は、上手に疲れをとることがむずかしい子だったのでしょう。でも、お母さんとの二人の関係のなかでは、嫌なことがあっても、適当にごまかせるし、逃げることができるので、爆発までには至らなかったのではないでしょうか。ところが、幼稚園に入り、あちこちから大量の刺激がふりかかってきたために、彼の器の許容量がいっぱいになり、すでにはじけ、あふれだした、ということではないかと話を聞きながら考えました。これはつまり、いっぱいになって表面張力で溢れずにいた盃に、最後の一滴が加わり、お酒が溢れてこぼれだし、次々に流出が起こっている、というようなイメージです。

お母さんは、インターネットで調べて、この子はアスペルガー障碍なのではないかと思うけれども、どうだろうと問うてきました。まだ彼に直接会ってはいませんが、話を聞いていくと、その可能性はあるだろうとは思いました。でも、その名称をつけても何にもなりません。彼のなかで何がどうなっているのか、そのメカニズムを探り、どうしたら親子共に安定した生活が遅れるようになってゆくか、ということを考えてこそ援助です。ただ彼は、幼稚園ではこのような自分はいっさい出していませんでした。外で頑張っているから、いっそう幼稚園以外の場ではじけていたのでしょう。そのためにお母さんの悩みは、幼稚園の先生たちはピンと来なくて、お母さんは心配しすぎだと、とりあってもらえていませんでした。ですので私は、消耗しきり、孤独のなかで孤軍奮闘しているお母さんを支えるためにも、彼に対する具体的な対応の相談ができるとよいと考え、そのために彼に会いたいと思いました。そこで次回、一緒に来ていただくようにお願いしました。

そして彼が来ました。待合室にいる彼のところに迎えにいった時、そこには足をぶらぶらさせ、ちょっとふてくされた顔をしながらも、好奇心と不安、緊張、そして緊迫感がパンパンにつまった男の子がいました。最初にどのような導入をするとよいか、そのセリフをあれこれ考えて迎えに行ったものの、すでにそこで私は、「変なことを言うと承知しないぞ！」という威圧感をひしひしと感じ、その雰囲気に気押され、私は「プレイルームがあるので、お部屋を移動しましょう」とだけ言いました。第一ラウンドは彼の緊張感の勝利でした。そしてお母さんと私、そして彼と三人でプレイルームに入りました。

彼の周囲には、『キーン』という空気がはりつめていました。それは、これまでに出会った不安や緊張の強い子どもたちがかもしだしてきた緊迫感とは、何かが確かに違っていました。あえて言うならば、もっとずっと、極限まではりつめたような怖さと緊迫感、といった感じです。病院という場所で何をされるのかわからない、という不安感はあっただろうと思うのですが、「プレイルーム」という響きに、彼のなかの好奇心が動いてしまい、「え？　何々？」という気持ちがわいたのではないかと思います。というのは、部屋に入った瞬間、「あれっ」というような顔をしたからです。そしてその顔を私に見られ、あわてて「マズイ」と直ちに彼はその顔を引っ込めました。ものすごく観察している子であることがわかります。そしてこのお部屋への案内は、彼にとって、よい方の想定外のことのようでした。これは私の作戦勝ちで、秘かにほっとしました。このようにプレイルームは、そのものに、魔術的な要素があり、しばしばセラピストを助けてくれます。とりあえず第一、第二のハードルは越えたものの、「余計なこと、変なことをしたら許さないゾ」、という威圧感は、まだまだ彼の全身から漂っていました。その威圧感の大きさに、思わず背筋に寒けが走ったくらいでした。この時まで私のなかではずっと、『キーン』という音が鳴り響いていました。

彼はプレイルームの棚を用心深く覗いてゆき、その後ろに私はちょっと離れて黙ってついてゆきました。この時、私は、とりたてて何の説明もしませんでした。彼はこの私の動きから、どうもこのセラピストはうるさく、余計なことはいわない、黙って彼のペースを大事にしようとしてくれる人だと捉えたのではないかと思いました。私は当然、全神経をフル稼働させて彼を理解しようとしていましたが、彼もまた、このセラピストとしての私とプレイルーム空間を、全神経を集中させて理解しようとしていました。そして私の対応から、まずは「よし」としてくれたと感じました。これで第三のハードルをクリアしたと、ふたたびちょっとほっとしました。

彼は部屋を一巡し、箱庭の前に立ち、自分が気に入り、家でも語っている物語を、箱庭の人形をつかって私に話し始めました。ここまで約二〇分、お母さんは部屋の隅で待機していましたが、ここで私は彼に、「お母さんにお外で待ってもらっていいかしら?」と尋ねました。そうしたところ彼は「うん」と、あっさりとうなずきました。お母さんが、そこにいてもよいのですが、もし、二人になれるものなら、そこで起こることが見えやすくなります。この時私は、了解してくれる可能性は、五分五分くらいだろうとふんでいました。了解がとれたのは、彼のなかに私とその場所に対する警戒心が少し緩み、不安がかなり減ったからだと思われました。ここでまた、第四のハードルを越えました。お母さんには外の椅子で待機してもらうことにしました。

箱庭を使いながら彼はたくさんの話をし、私は時々「そうなの」「それは素敵ね」など、感想も加えながら話をずっとていねいに聞いていました。ここまではとりあえずは成功です。終了の時間が近づいてきた時、私はちょっと距離を縮めてみたくなり、少しくだけた表現を用いました。何を言ったのかはすでに覚えていないのですが、その瞬間、彼は「やめて!」とひとこと、深く突き刺すような鋭い声を発しました。私はひやりとし、即座に「わかった」とだけ、低い静かな声で応え、黙りました。言い訳はしませんでした。このやりとりの瞬間、私たちの間には、短いけれども怖いほど緊迫した空気が漂っていました。私の対応は、早すぎたのです。それはおそらく、新しい場で緊張と不安でいっぱいだった彼という盃に、一滴新しいお酒を注ぎこんだために、中のお酒があふれだしたのだと思います。でもそこで、私が彼に「わかった」と伝え、即座に引いたことで、それ以上の混乱は起きませんでした。このことは、彼を刺激しなければ安定して面白く楽しい遊びを展開できること、人が距離を縮めようとすれば拒否すること、そういう刺激を与えられてもこちらが収めれば、彼の興奮はヒートアップせず、そのまま低減してゆく可能性が十分にあること、が示されていました。特にこの最後のことがわかったことは、大きな収穫でした。このヒヤリとしたやりとりを、私はしてよかったと思いました。

彼はこのようにして気持ちを収め、もとの箱庭でお話を語る関わりに戻ることができました。そして時間になり、彼は穏やかにお母さんと家路につきました。それ以降彼は、月一回のセラピーに来て、箱庭を間にはさんで彼の面白いと感じるお話を私に話す、というやりとりを始め、しばらくたってから、玩具とも関わるようになりました。

とはいえ、幼稚園という大きな刺激に被爆して、神経細胞がむきだしのようになった彼は、このままでは、幼稚園以外の場で興奮がコントロールできないままになってしまう危険がありました。彼の日常を静かなものにして、興奮しにくい状態におくために、私はとにかく外に出ず、徹底的に人と関わらないようにという思い切った提案を、お母さんにしました。お母さんは了解し、彼を退園させてくれました。そして彼の行く場所は、自宅とお母さんの実家、そしてクリニックだけという、しっかりと閉じた世界に入ったのです。

そうしたところ、セラピーをはじめて三ヵ月経つ頃には、彼は頻発時に比べると、パニックを起こしにくくなりました。環境から入ってくる刺激が激減して、かなり統制されるようになったことと、お母さん自身もわかってきて、非常識なことをいう彼を、とりあえず放っておくことができるようになったことで、まず発火する頻度が減り、そのために引火して生じる、負の相互作用を最小限に防ぐことができるようになったのです。お母さんが環境を安定させることができたことで、自分自身がまず精神的に落ち着いたこと、お母さんが落ち着いているので、彼自身も相乗効果でぶれることが少なく、不安が喚起されにくくなり、互いに心理的な余裕が出てきたことが、大きな要因だったと思います。

半年ほど経つ頃には、プレイセラピーのなかではチャンバラにはならないのですが、刀を手にしてみる、ピストルを持ってみるなど、男の子っぽい玩具にも関心を示すようになってゆき、以降刀を合わせるまでに変化しました。一年が経つと、以前は暴力でしか表現できなかったことを、ことばで言えるようになりました。たとえば、「剛はほかの人ならいいんだけれども、おばあちゃんやお母さんから褒められるのはいやなんだ」。お母さんが理由を尋ねると、「わかんないけど」ときちんと言える。あるいは腹が立ったとき、「噛むぞ！」と叫びながら噛まないで済ませられる、等々です。またこの頃、お母さんからの提案で、彼からやられた行為に対して、ほぼ同じ強さ、同じ行為で返してみる、つまり仕返しをする、という手法も用い、これは絶大な効果を生みました。ある時には彼がワーっと叫んだので、お母さんも同じようにワーッと叫び、ティッシュを箱から出してばらまき、互いにぐちゃぐちゃになり、最後に二人で泣いたのです。後日彼はこのことを、「剛は懲りた。ああいうのは、もういい」と言いました。自分だけがやっていると、どういうことなのか、わかることができません。

でも、実感するから、これはマズイとか嫌だ、ということがわかってくるのだと思います。このようにお母さんとの家庭の中で、彼はたくさんの学びをえました。

このほとんど母子だけの『閉じた世界』を半年以上続け、彼の暴発はかなりコントロールされるようになりました。そこで次に具体的な人との関わりを育てるために、外からおとなに家に来てもらう、という関わりをとりいれました。そのおとなは学生だったり、専門的な先生だったりで、近くの大学や相談機関で探しました。それぞれに、うまくいった、かと思うと次には出入り禁止になったり、とさまざまでした。聞いていると、彼が最初の時にはかなり相手に合わせるので、もっと学習面を補充したいとか、社会のルールを教えよう、というように、次にはすぐにその人が自分が『したいこと』『させたいこと』を持ち込むために、ダメになっているようでした。「どうしたらよいでしょう?」という問い合わせに、私はこれで永遠にダメになると考えず、一〜二ヵ月、間をあけて再度挑戦してみてください、とお願いしました。そして実際、一度ダメならすべてダメ、ではなく、一度ダメでも後で仲直りできる、ということを彼自身も体験しながら、少しずつ関わる人を増やしていきました。彼は自分のペースを尊重してもらえれば、周囲に合わせることができるのです。その順序が大事でした。

さらに、この頃、彼に小さなガールフレンドができ、その子との関わりを通しても、彼はたくさんのことを学びました。そして小学校に上がる前の一年間、お母さんは再度、幼稚園に入れたいと考えるようになりました。そこであちこちの幼稚園を見学し、彼の特性をくわしく伝え、それに理解を示してくれるところを探し抜き、ある幼稚園で、友だちの中に入るのではなく、先生と一緒にいるという特別枠をつくってもらい、入園しました。幼稚園でもさまざまなトラブルはありましたが、この特別枠に守られて、何とか卒園することができました。小学校入学に際しては、「おれ、小学校はちゃんとやるよ」ということば通り、学校ではまったく問題を起こさず、家庭ではごたごたするものの、そんなに危機的な状態にはならずに生活しています。

私はこの二つのケースで共に、学校や幼稚園から一時撤退することを提案しました。それは学校や幼稚園が悪い、からではありません。本人が抱えきれないほどの刺激を受け、混乱が起こる事態を避けるためです。それには安全地帯に撤退するのが、一番効果が高いのです。私は剛くんのセラピーでは、極端な隔離政策をとることで、情報も刺激も遮断して、個体としての平安を回復させるという方針をとりました。彼が恒常的に安定してゆくために今、何ができるか、どうしていったらよいかを考えながら、動かせることを動かしてゆきました。悪くしない、ということが鉄則でした。そして個体としての平穏を確保すると、彼のなかのパニックが少しずつコントロールされてゆき、それに伴い、人と関わりたい気持ちが起こってきました。そこで、彼自身が咀嚼できるようなペースで徐々に対人刺激をいれてゆき、人との関わりの世界に、ただ巻き込まれ我を忘れるのではなく、その関係を楽しめ、味わえるような自分を育てて戻ってゆくことができました。

発達すること・遊ぶこと

発達の課題と子どもたち

現代を生きる子どもにとって、『発達障碍』という用語は、いまや一番身近な脅威になっていると思います。この名称が流行っていることには、後述するようにさまざまな問題がありますが、やっと人間の『発達』ということに、人々の注意が向けられるようになったという点だけは、唯一評価できることだと考えます。人は生まれてから死ぬまでずっと発達し続けてゆく存在であり、全体的な発達のペースも、個体内の各部分の発達もみなそれぞれに違います。一人として同じ発達をしている人はいませんし、人との比較など、簡単にできるものではありません。発達とはあくまでも、相対的なものでしかないのです。

ところがこれまで人々は、発達検査や知能検査をとって値を算出し、基準に照らして上か下か、つまり優れているか劣っているか、で『発達』を捉えることができると考えてきました。これは、人々が標準という基準を絶対評価として、それからの逸脱を捉えることで人の発達を見ることができる、と考えてきたことを示しています。しかし実際には、知能検査や発達検査の結果は絶対的なものではなく、ある時、ある状況下で測った数値でしかありません。数値の取り方によっても結果は変わります。さらには両検査共、顕在化されているその子どもの能力を測定するもので、潜伏している能力は測ることができません。検査結果はあくまでも、その子どもの発達状態を把握する、ひとつの資料にすぎないのです。にも関わらず、検査結果を絶対視しているこの現状こそ、私たちが『発達』という問題を大雑把に捉え、しっかりと向きあってこなかったことの証左です。

しかしそれは、一般の人々がそうだというだけではありません。人のこころの成長や変容過程に携わる心理臨床家にとっても、『発達的な視点』は、これまで遠くにありました。心理の仕事のなかでは、療育に携わる人だけが発達的な問題の専門家として区分けされてきましたが、その主な仕事は子どもの発達を底上げする、トレーニング的な意味あいの強いものであり、それはこころの相談とは別のものとして捉えられてきました。つまり心理臨床の世界において、発達的な課題は、トレーニングの対象という狭い枠組みでしか対応されてこなかったのです。この間違った理解が発達障碍にはトレーニング的関わりをしさえすればよい、という誤解をうむ大きな要因となっていると思います。

しかしこころの傷や苦悩、問題、症状や生きにくさのような課題はすべて、その人が生きていく過程で起こることであり、その人の発達過程と密接な関係をもっているということは、言うまでもないことです。逆もまた同様で、発達のかたよりは生きにくさをうみだします。それがこころに影響するのは、自然なことだといえるでしょう。つまり発達的な課題とこころの育ちは不可分の関係にあるのです。そう考えると、『発達障碍』という捉え方は、人の発達のありようを、きめ細やかにていねいに見てゆく必要性があることを私たちに、あらためてつきつけたということができると思います。その意味で、人の発達のあり方を含めて、人の心理的な問題や病気、課題を捉え、対応してという関わりの大きな変化の入り口に、私たち心理臨床家がやっとたどりついた、といえるように思います。

とはいえ、今の発達障碍の捉え方は、とても片寄っています。人が自分のなかにもっている、生来的な発達の『かたより』や『でこぼこ』のなかで、極端にその人を不自由にし、かつ不利益をもたらすものが、現在、『発達障碍』と呼ばれているものであると私は理解しています。人は誰でも、自分のなかのある部分が鋭すぎたり鈍すぎたり、年齢からすると未発達だったり、年齢以上に発達していたりというように、その個体のなかにあるさまざまな部位の発達が、過剰だったり過少だったりと、質や量にアンバランスさをもっています。その結果、自分が自分と関わったり、自分が他者と関わるうえで生きにくさが生じます。結局のところ、発達のかたよりやでこぼこは、誰でもが大なり小なりもっているもので、これまでにもあったものです。『あの人、ちょっと変わっているなあ』というふうに捉えられてきたものが、あれやこれや束なって、『発達障碍』という名称のもとにくくられているのが現状です。

発達障碍の一般的な定義では、子どもの発達の途上の現れる問題であり、生涯にわたって何らかの形で持続する、発達の特定の領域で社会的な適応上の問題をひきおこす可能性がある、ということに加えて、脳の機能の障碍が想定される、ということが示されています。この脳の問題ということが、教育や心理の専門家たちに、自分たちには何もできない、という一種の無力感を引き起こさせていると思います。しかし、近年の脳科学では、発達障碍を脳のどこかの部位や領域に異常があって起こるのではなく、脳の神経回路のつながりの問題、神経回路の形成・発達の局所的な違い（黒田二〇〇八）と捉えています。それはつまり、具体的には神経回路のどこか、ある部分、ある部位で、つながりがなめらかにいかないために、自分の行動や思考がスムーズにいかない、ということが起こるということで、そういうことは大なり小なり、人は誰でももっているものです。それが個性や個別性を形成しているのですから。そう考えてゆくと、あの人は発達障碍で、この人は発達障碍ではない、と両者の間に明確な線がひけるものではない、ということがわかってきます。人々が発達障碍というものを発達障碍ではない人から選別する根拠として用いている脳科学は、両者は地続きの関係にあり、グラデーションで捉えてゆくものであるということを示しているのです。

さて、発達障碍についての人々の理解の困難さを考えていく時、かつて人々が自閉症を、ただ個体のなかにとじこめ、個体の問題として捉えようとした歴史が想起されます。かつてのわが国において、自閉症理解のなかに、人は人との関係性のなかで育つ、というあたり前の視点が欠けているということを小澤（一九八四／二〇〇七）は当時、問題として強く主張していました。現代でも同じことが起こっています。今の発達障碍に対する理解のなかには、発達障碍もまた、関係性のなかで育ったり顕在化してゆく、という見方が欠落していると小林（二〇〇五）は語り、発達障碍の診断における最大の問題は、診断の切り口が子ども個人の能力障碍だけに焦点化されている点にあること、つまり、対人関係の障碍ということは、人間関係の問題であるのにも関わらず、子ども側にのみ焦点をあてているとして、関係の問題としてとりあげる必要性（小林二〇〇八）を強く訴えています。私もまったく同感です。

子どもが、いわゆる発達障碍的な特性や傾向をもって生まれたとしても、それ以降の親や他者との絶え間のない相互作用や関係性のなかで、その子は成長してゆくわけであり、その特性は一生、なくなることはないのだけれども、関係性のなかで大きくなったり小さくなったり、見えたり見えにくくなったりするのです（田中二〇〇九）。『発達する』ということは、一生を通じて、人には変容可能性があるということです。神田橋（二〇一〇）のいう「発達障碍は発達する」という表現も、同じことを語っていると思います。発達障碍をもつ人々の自分史のなかに、おとなになってゆくなかで、自分を縛っていた自分自身の特性を自分なりに理解し、調整してゆくことで、社会とある程度、折り合いをつけることができるようになり、結果として楽になってゆくということが描かれています。このように、現在の発達障碍の捉え方には、関係性という視点が欠如しているという点が、大きな問題であると考えます。

次の問題は、発達障碍という名称そのものに関するものです。先にもお話ししたように、誰もが発達の偏りはもっているのですが、だからといって誰もがみな、障碍者だということではありません。「あなたは発達障碍です」といわれても、誰も褒められたとは思わないでしょう。その名称は人をへこませるだろうと思います。発達障碍がある、もしくはその傾向があると言われることは、ある部分の生きにくさに名前がつき、それによって自己理解ができるようになるという点ではよいのですが、この名称が問題であることは、この領域に深く関わっている専門家がしばしば語っていることです。しかしよい用語がみつからないので、暫定的に使っているのが、『今』なのです。このままだと、私たちはどんどんその人の個性的な違いやありようを障碍として捉え、障碍者を大量生産させつつ、その人に障碍受容をせまってゆくという、とんでもない過ちをしていくことになりかねません。このように、発達に関する問題を、『障碍』という用語を安易に用いて説明しようとしていることが大きな間違いであると私は考えます。

この点に関して、しばしば学校から、発達のかたよりのある子どもの親ごさんが、他児の親やクラスの子どもたちに、自分の子どもには発達の片寄りがあって、さまざまな手助けが必要であるということを、話してほしいと依頼されます。その時、もし「○○くんには、発達障碍がある」という説明だけをしたとしても、「発達障碍」という名称は記憶されるかもしれませんが、誰もその中身を理解することはできません。具体的にどう手助けしたらよいかがわからず、差別や偏見の対象にしかならないでしょう。よい伝え方は、その子どもが、具体的にどういうことがむずかしく、どういう手助けがあるとよいのか、ということがわかるようなやり方なのですが、そのためには親やおとなが、その子どものことをしっかり把握できていなければなりません。

先の、のりくんのお母さんは、彼の問題行動がかなり減り、クラスに落ち着いていられるようになってきた二年生のある時、クラスの生徒に対して、彼のことを話そうと考えました。今は問題は減ってきていても、これからも、助けて欲しいことはたくさんでてくると考えたからです。お母さんはみんなにわかるようにと考え、次のように話しました。

「彼は脳の中で神経がうまくつながっていないの。おなかのなかにいた時に事故があってのことなの。たとえば、みんながテープレコーダーで音楽を聞いていても、みんなには普通に聞こえることでも、のりくんにとっては、ちょっと大きくなったり、突然音がぬけて聞こえたり、といろいろに聞こえてしまうのね。でもそれは彼にはわけのわからない状態だし、突然に起こるので、びっくりして、ギャーって大声をだしてしまうの。みんなと違ってそんな風に音楽がいろいろに聞こえるので、ずっと聞いているのも、みんなより、うーんと疲れるの。でも、のりくんは一生懸命にしているので、お母さんのかわりに、みんなが助けてあげてください」と。これをみんなと一緒に聞いていたのりくんは、後でおかあさん「ふーっと肩の力が抜けたよ」と言って、自分でももっと頑張ろうとするようになったそうです。みんなに自分の状況が正しく伝わったことに安堵し、同時に、彼自身がお母さんの説明で、自分の状態を少し客観的に捉えることができるようになったのだろうと思います。のりくんのお母さんのこの説明は、みんなに真似しましょうと勧めたいほど、優れたものです。並々ならぬそれまでのお母さんのご苦労が、この説明の背後にあるのです。

のりくんのお母さんのこの説明のなかに、発達障碍という名称も自閉症ということばも、高機能広汎性発達障碍ということばも出てきていません。クラスの子どもたちには、彼はみんなと何か違う捉え方をするので、びっくりしたり疲れたりするのだろう、というように、そのエッセンスが伝わったのだろうと思います。そして何より、彼本人も、自分の特徴が客観的に語られているだけなので、へこむことはありません。これはお母さんが、彼の状態をきわめて詳細に摑んでいるから言えたことです。具体的に伝えるということは、その子ども本人のことがわかっていないと無理なのです。私たち心理臨床家も親も教師も、あまりに発達障碍という名称を安易に用いてわかった気になっていて、子どもの社会的な逸脱傾向の問題を、発達障碍という名称で呼び替えて、それ以上考えることをやめているところがあるのではないかと思います。しかし、それではまともな援助はできません。「障碍」の名称をいっさい用いず、具体的な内容で個々の子どもを語ることができるようになることこそ、心理臨床家は目指すべきだと思います。

その人のもっている発達の傾向のなかで、『逸脱』といわれているもののなかには、その人の粗削りの感性や未発達の能力や才能といったものが、たくさん含まれています。たとえば、感覚過敏という発達の傾向があります。しかしこれは感度は高すぎたり鋭すぎたりするがゆえの苦しさであって、低いための苦しさではありません。また注意集中の困難さという発達の傾向もありますが、これも、その人にとってどうでもよいものに対してはばらけるものの、関心の高いものに対しては徹底的に集中度が高くなるのです。これも一種の高さです。ただ高ければよい、ということではなく、高いがゆえの苦しさがあるのです。いくら高くても、本人がコントロールできていないのです。つまり、なりたい時に過敏になるとか集中できるというのではなく、勝手に過敏になり勝手に集中がばらける、というように調整ができないところに苦悩と困難があるのです。ですからもう少し、自分が自分を統御し、調整できるようになれば、その自分のある部分の『高さ』にふりまわされず、それを自分のために最大限、活かしてゆくことができるでしょう。その人の『逸脱』は、ない方がよいような、悪い、マズイものではなく、まだ磨かれていないその人の豊かな宝石なのです。ですからその宝石は活かしつつ、そのなかの、自分がものすごく困る部分だけを微調整してゆくことができればよいのです。

このように考えていくと、発達の逸脱＝よくないもの＝障碍、と捉え、それをトレーニングによって『ふつう』に矯正させ、社会に適応させようとするという発想自体が、あまりにも短絡的であり、さらにば、その人のよい部分をもつぶしてしまいかねない、ということが見えてくるのではないでしょうか。

しかし、このように考える人はまだまだ少なく、心理臨床家も世のおとなたちも、発達の課題という問題を、もっと自分にひきつけて、真剣に考えなければならないと思います。

プレイセラピーを核として

本章で描いたなかで、のりくんと剛くんは、いわゆる高機能広汎性発達障碍といわれる世界をもっている子どもたちです。彼らは突然の変化に弱く、刺激が一気に入ってくると混乱やパニックが起こります。この傾向は特に、幼少期に集団に入ることで顕在化します。この時期に、彼らに対してことばで説明して、知的に理解させようともしても、ほとんど役に立ちません。落ち着いた時にはわかっていても、突然ふっとんでしまう自分を、混乱時に頭でコントロールしろというのは無理な注文です。この状況は、さながら嵐で船が転覆し、大海に投げ出された人がパニックに陥り、溺れないように何かにしがみついているだけで精一杯、という状態と同じです。ところが、事例検討会などで話を聞くと、状況はそのままにして、ただプレイセラピーに通わせたり、あるいはトレーニングを導入して、本人の状態の改善をはかろうとすることが圧倒的に多いのです。これは放り出された大海のなかにその人を置いたまま、溺れかけている人に泳ぎ方を教えようとしているようなもので、緊急対応にはなりえません。子どもを海の中から助け出し、安全な船なり陸に移動させることこそ、優先されるべきことなのです。彼らに生来的な生きにくさがあったとしても、不適応的な行動が現れたのには、何かひき金があるはずです。ですから、その直接の要因を見つけ出し、それを取り除けば、元の状態にまでは戻せるはずです。ですからまず状況の鎮静化をはかるために、それが起こらないでよい状況をつくりだすのが肝心です。これが援助の第一段階です。そして精神的に安定できる状態をつくったら、次には刺激を受けてもある程度混乱が少なく、不適応を起こさなくてよいように育てていく、そういうセラピーをしてゆきます。これが第二段階の援助です。私はここでプレイラピーを活用します。

私は、発達の片寄りをもった子どものプレイセラピーには、二つの役割があると考えています。一つは、情緒的な問題を抱えた子どものプレイセラピー同様、セラピストとの関係性を基盤として、彼らの情緒を安定させ、プレイルームで現れる彼らの問題を、じかに調整してゆくという役割であり、もう一つは、日常のなかで親ごさんに積極的に関わり、育てていただくための具体的な課題を見つけるために、プレイセラピーで子どもの様子とその変化の過程をしっかりとリサーチし、モニターする、という役割です。のりくんも剛くんも、私はお母さんに、家庭の中でしてもらうことをたくさん見つけ、お願いしました。『発達』が関わってくる問題には、育ってゆくための『時間』と『練習の場』の二つが共に必要です。練習の基礎工事は、プレイセラピーでの関わりを核として行いつつ、そこで見つけたその子の課題は、できるだけ具体的に親ごさんにその対処の仕方をお伝えして、日常生活のなかでたくさん練習してもらう、という両者の相乗効果で、子どもの精神の安定を確保し、自分のなかのバランスと社会との間のバランスを回復させ、自分自身の片寄りを調整してゆきます。そうして『主体としての自分』を育ててゆくのです。

では具体的に、プレイセラピーではどのようなことをしてゆくのでしょうか。プレイではセラピストとだけ関わるので、混乱が起こりにくい時空間が保障できます。そこでその子どもができるだけ自由に自分を開放し、モノやひとに関わることができる関係と状況をつくります。セラピストは、その子どもの抱えている課題を遊びを通して発見し、確認し、セラピーの中でその改善への道筋を模索します。

たとえば空想の世界が優位で、あまりにそればかりを追求するために、他児とうまく遊べないで喧嘩になる、という子どもの場合には、セラピーをしていても同じような状況が展開されます。そういう時、私はまずはぴったりとそのイメージの世界につきあいながら、子どもが自分一人で別のことを始めてしまう時が来るのを待ちます。その時私は「あれ？　今怪物たちの戦争ごっこしていたんじゃなかったっけ？（どうなっちゃったんだろう？）」と、できるだけ非難めいた口調にならないようにしつつ、途方に暮れて見せるのです。つまり、さっきまで二人で楽しく遊んでいたのに、相手が突然どこかに行ってしまい、一人取り残されてびっくりしている、という、セラピストの感情状態を、できるだけまっすぐ、そして飛ばさずに伝えるのがコツなのです。というのは、子どもはそんなことがまったくわかっていないし、思ってもいないので、そう言われてはじめて気づくことができるのです。それによって『相手』がふたたび自分の前に立ち現れ、『共にいる』ということがどういうことなのかを知るのです。もっと具体的に言うと、一人で勝手に動いてしまうと、相手はそのことが理解できずに困るんだ、とわかるのです。これさえわかれば、次からは意図的に教えてくれるようになってゆきます。でもついつい、そのことは自分にとっては余分な配慮であるために、忘れてしまいがちです。ですので忘れられたら、「あれっ？」と言って思い出してもらえればよいのです。『練習』が必要なのは、そのためです。このようにしてゆけば、トラブルになることが減り、子どもは自分のイメージの豊かさをつぶすことなく、他者とも共存することができるルートが拓かれます。あるいは、ひとつのことに集中することが困難で、気が散る傾向がある子どもの場合には、ただひたすら我慢させてても、集中力は増しません。動くことが好きなら、その動くことを活用するほうが早道です。たとえば、私はそういう傾向のある子どもと二人で卓球をしながら、その子が気を散らしながら、子どもが時宜に応じて卓球に戻ってこれるように、たとえば私が球を拾いに行っている間、ケン玉をしてもよいようにしておきます。そうすると、しばらくケン玉で遊ぶと、卓球に戻ってくるのです。このように二つの遊びの間で行ったり来たりすることで、長く楽しく卓球をすることができるようになるのです。そして、こうやっていくと、ケン玉を必要とする時間と頻度は減ってゆきます。このように上手に逃がしてあげることは、一見逆効果にみえますが、実はとても有効な手です。

プレイセラピーで、いわば「種をまいて双葉が出るまで」を育て、家庭では「水や肥料・太陽をおぎないながらその芽を伸ばしてゆく」のです。別のたとえで言うならば、ワインが、発酵と熟成を経て味がよくなってゆくように、日常のなかでその子どもの抱えている未発達の部分が発達し成熟し変容してゆく、というイメージで捉えてもよいように思います。彼らが社会との関係性のなかで、自分の片寄りを抱えながら、社会と折り合いをつけて生きてゆく工夫は、一生続く行程です。そう考えていくと、子ども時代の彼らに対するプレイセラピーは、彼らの発達の課題を調整してゆく基礎をつくる関わり、と位置づけられると思います。

さて、彼らが成長してゆくなかで、強力な味方になってくれる素敵なものがあります。それは『ことばで言えるようになる』ことです。のりくんも剛くんも、彼らを刺激から離し、自分を閉じるという方向で援助して、それが効を奏し始めるとほぼ同じ時期に、二人とも、自分のなかで感じたことを、ことばでつかみ、語る力が育ってきました。もともとことばにする能力は高い子どもたちでしたが、年齢的に幼かったことと、ことばになる前に、とにかく気持ちの暴発が起こっていたので、それをうまく使うこともむずかしくなっていました。それが自分の気持ちをことばに置き換えることができるようになると、他者と自分の考えや感じたことを伝え、分かち合うことができるようになりました。剛くんは自分の高い知力を味方につけて、人に教わって社会的スキルを身につけるのではなく、自分からすすんで人々の言動をリサーチし、どういう場合にはどうするといい、どうしないほうがよいということを目で耳で盗み、適切な対処行動を取り入れて行動するようになっています。これは彼の成長過程で、一貫して彼を育てていく能力だと思います。

このように考えてゆくと、いわゆる発達障碍、すなわち発達の片寄りを抱えている子どもたちに対して、私たち心理臨床家はトレーニング以外にも、たくさんのことをすることができることがわかります。プレイセラピーにただ漫然と通わせるのではなく、その子の課題をセラピーのなかで的確にとらえ、こまやかに対応してゆけば、その子のもっている課題でさえ、その子の成長に十分に役立つものといえるのです。発達が関わっているということは、時間がかかるということです。手当てには『時間』が不可欠です。不登校やひきこもりが、しばしば問題の解決までにたくさんの時間がかかるのは、『そこまで育っていなかった未発達の部分を育ち直すため』である場合が多いのです。発達の課題というものはそういうものです。

のりくんは、どこの専門家も逃げだしたほどの症状でしたし、剛くんの場合も、当時、彼をみた別の専門家は、「この子は一生、学校という場には行けないだろう、ずっと家庭で教育するしかないだろう」という予測を漏らしていました。その彼らがこれほどまでに成長と変容をとげたのは、第一には親ごさんの日常場面での、骨身を惜しまない献身的な頑張りであり、第二には、その頑張る方向性を調整し、子どもの安定と育ちの基盤をつくったセラピーでの関わりが、大きく影響していたと思います。

子どもをみるまなざしの変化

では自分と違う、ちょっと変わったことをする人をみると、発達障碍じゃないかと捉え、診断を求めて子どもをつれた親が病院に大勢訪れるという今日の現象は、いったいどうして起こってきたのでしょうか。これを考える時、人々の子どもをみるまなざしの変化という問題が浮かんできます。

汐見（二〇一〇）は時代の変化に伴い、今わが国では、おとなたちが子どもをみるまなざしが変わってきた、子どもは非効率でたわけた存在として、おとなから忌避されるようになっていると指摘し、子どもへのおとなのまなざしを転換する努力が必要であると語っています。汐見はその著のなかで歴史をたどりながら、江戸末期から明治時代には、外国人が日本に来て驚いたことのひとつとして、日本は子ども天国である、おとなが子どもを叩かずしてしつけている、ということをあげていると述べています。長いこと欧米では子どもは鞭でたたいて教える、という方法がとられていたのですが、子どものこころに語りかけることが鞭よりも効果があるとされている国として、当時わが国は、欧米で紹介されていました。しかし最近、公園で子どもの声がうるさいと高齢者から文句が出て、『公園で大声を出してはいけません』という立て札がたち、実際に公園のベンチに座ってゲームをつまらなそうにしている子どもたちがいるとのこと。それを近所の高齢の方たちに尋ねたところ、以前はその公園にくる子どもは、どういう子どもなのか、自分たちはみな、よく知っていた。子どもたちは地域の中で見守られながら成長する、という関係性がお互いの間にあったので、その声がうるさいと感じたことはなかったというのです。たとえばAくんの声がするとしましょう。そのAくんは小さい頃からだが弱く、すぐに熱を出したり喘息がおきては、夜中に救急車で搬送されたりしているようなひ弱な少年だった。そのAくんが大声を出していると、「ああ、こんなに元気になったんだなあ」と思うので、その声を聞くとうれしくなる。でも今の子どもたちのことは全くわからない。だからその声はただの騒音でしかない、ということなのです。このことから汐見は、地域の人に見守られながら育つ、という関係性がない限り、子どもは地域から排除されてしまうと指摘し、さらに現代ではすでにその排除が起こっていると語っています。また汐見は、社会が急速に変化し、おとなと子どもとの間にギャップが大きくなり、理解できない、わけのわからないものは『いない』ほうが楽である、というようになってきて、そこからも子どもに対する排除の感覚が生まれていると語っています。さらに働くことが一番で、効率よく経済効果をあげ、何かを達成するということに一番の価値をおとなたちはもっているので、そこから考えても、何の役にもたたず、無駄なことばかりをする実用的でない存在は、「いらない」存在として子どもたちはおとなから忌避され、放り出されるようになったとして、この一〇〇年の間におとなたちは子どもへの寛容度を急速に失ってきているのがわが国で、これは深刻な事態であると結論づけているのです。

私は、これはとても重要な問題提起だと思っています。子どもとは……、と考えると、実際に子どもたちは生産的なことはしません。というのも、何の役にも立たず、生産的でないことをするのが子どもであり、わけのわからないことに意味や意義を見いだすのが子どもです。たとえば、空に流れる雲をみていて、「あ、恐竜だ……、（しばらくして）恐竜のつのがとれたらつるつる頭のお坊さんになった……、次は大きなメダカになり、あれっ、すじになって消えちゃった……」など、何時間でも飽きずに空を眺めていたり、ありんこの巣をみつけ、いそいそと歩きまわり、餌をはこんでいる蟻をみて、これも気づいたら何時間も経っている……何の意味があるのかはわからない、でもものすごく面白く豊かな時間がそこにある。また親が「○○して……」と言ってすぐにその通りにする子もいるでしょうが、とりあえず「イヤ」と言う、あるいは「ウン」と返事はするもののやらない子どももたくさんいます。子どもは親の言うことをきかないもの。さらに遊びに夢中になっていれば、片づける端から散らかってゆく。散らかすのが子どもの仕事。もちろんこれは、そうあるべきだということではなく、そういうものだ、ということです。子ども時代に子どもたちは、わけのわからない無駄をたくさんし、いっぱいどうでもよいような遊びをしぬきつつ、たまには少しは親の言うことも聞いて……、というような関係性のなかで成長し発達してゆくものだろう、と言いたいのです。

ところが現代では、上記のような考え方は、あまり受け容れてもらえません。そのかわり、親も子どもも、外側からみて明らかに意味あることにばかり走り、意味の見えにくいことは、する価値もないと切り捨てられていく傾向が強いように思います。同じ時間を使うなら、ぼーっとしているのは無駄で、そんな暇があったらドリルを一枚でもしたり、ピアノを習ったりするのがいい、という効率重視の発想です。くり返しになりますが、一見無駄でどうでもいい体験がたくさんあり、それを子どもがある程度やりぬいて、自分のおなかと気持ちがいっぱいになってきたら、次にはすべきことをする気持ちになってくるのだと思います。その意味で、今の子どもたちのなかに、「どうでもいい」「めんどくさい」ということばがはやり、一種無気力ささえ見られるのは、この土台の余力がつくられていないことが影響しているのではないか、と私は考えたりしています。

そして、このような今日的な状況のもと、親の側では子どもに対して、子どもは片づけをしてあたり前、親の常識を共有していてあたり前、親の言っていることをそのまま受けとり、従うのがあたり前……等々、おとなが自分の常識や価値観で自分が求める子ども像をつくりあげ、いつのまにかそれが子どもである、というような思い違いが急速に起こっているように思います。そして、そういう親が思う、当たり前のことをしない、はみだす子どもを『手のかかる、やっかいで育てにくい子ども』と捉え、これは『ふつうじゃない』となり、この発想の延長線に、現代の発達障碍がのっているように思います。

こう考えていくと、社会の側に子どもが自由に自分らしさを開花させていくことを許容するゆとりがなくなっていることに気づきます。しかし、このような社会の側の要因は、これまほとんどで問題にされず、一方的に子どもがおかしい、とだけ捉えられてきました。この軌道を修正して考えると、発達障碍をつくり出しているのは、社会の側の、このような狭く自分本意なおとなたちの見方であって、社会の側の見方が変われば、子どもを別の見え方でみることができ、子どももおとなも、もっとずっと生きやすくなるのではないかと私は本気で考えているのです。

あらためて『遊ぶこと』

遊ぶことを私たちはふだん、むずかしいこととは考えません。というよりも、遊ぶことなんて、自然にできる簡単なことのように思っています。でも先にお話しした、無駄なことをたくさんしながら子どもたちが成長してゆく、という過程が喪失し、幼少期から児童期にかけて、子どもたちは意味あることばかりをするようになっている現代、やはり自由に遊ぶということは、簡単なことではなくなってきています。

私がセラピーで出会い、お母さんが夫からＤＶを受けつつ、子どもに虐待的な関わりをしてしまい、母子でシェルターに逃げてきた少年（『母と子のこころの相談室』第四章の「たっちゃんのケース」）は、人を信じることできず、当初プレイルームでまったく遊ぶことができませんでした。それはあまりにも当然のことだと私は思い、彼が「ここに居ても、ひどい目にはあわないだろう」と思えるようになるまで、辛抱強く押しつけない関わりをこころがけてゆきました。経過の詳細は拙著に描きましたが、彼は徐々に自分のペースで人との関係を紡いでもいいと思えるようになってきて、やがて「バイバーイ」と子どもらしく手を振って帰れるようになりました。そして、五年が経過した頃には、彼は人を疑い、人をはじきとばすためにではなく、自分育てのために自分のエネルギーを使うことができるようになり、自分がしたいことを選び、思う存分遊びぬき、やりたいことをやり抜ける少年に成長しました。彼のセラピーから、あらためて、その子どもに精神的な余裕と、ある程度安定した時間と環境がなければ、人は遊ぶという、一見、簡単に思えることさえできないことが見えてきます。

彼のような、虐待的な関わりを幼少期に毎日体験した子どもは、他の子どもが、あたり前に幼少期に身につけてゆくことを、遊ぶことも含めて、日常のなかであまり体験していません。しかし虐待的な関わりがなくても、日常のなかでふつうにしているはずの『遊び』を、体験しなくなっている子どもたちが増えています。頭の中だけで想像して、実際には体験が伴っていない子どもも大勢います。

彼らはプレイルームで卓球やバトミントンをすると、自分の頭の中で、羽根の動きをシュミレーションし、そう自分が考えたように自分の球や羽根が動かないので、「ありえない！」と怒り出したり、頭を抱え込んで悩んでしまいます。あるいは、チャンバラをしても、やったことがないので、どのくらいの力で相手に打ち込んだら痛くないのかわからずに、やみくもに打ち込んできます。

私たちはどのような場合でも、自分のからだでわかる、つまり実感があるから、そのことばに含まれている意味内容がわかってくるのだと思います。しかし今の教育は、ただことばだけ、概念だけ教えてわかればよし、というようなきらいがあるので、ことばは知っているものの、その内容まで十分にはわかっていない子どもたちが増えています。表面的に知識としてはもっていても、体感的にわかっていないので、うまく使うことができません。そういう子どもは全体的にアンバラスになりやすいので、何がしかの問題を抱えてセラピーに訪れ、徹底的に遊ぶことを通して、自分を育て直してゆくのです。

私たちおとなは通常、自分の頭で考えることと、自分の気持ち、からだで表現される自分の行動、という三つの側面を何とか折り合いをつけ、バランスをとりながら生きています。幼少期に、私たちはモノで遊んだり、ひとと関わることを通して、自分の気持ちと考えと行動の折り合いをつけたり、気持ちや考えを切り替えることを学んでゆきます。そしてそれが、その後の子どものさまざまな体験を支える、成長の土台となるのです。ところがテレビゲームが主な遊び道具になっている現代では、からだ全体を使って遊ぶことは、実際に衰退しつつあるようです。玩具売場からは、危険だからと、当たると痛い刀は消えて、ソフトビニールの刀が置かれています。遊びのなかで体験するから安全なことが、遊びのなかからも姿を消しつつあります。これでは本気で遊び、遊ぶなかから学ぶことができません。こうした複数の要因が重なって、遊ぶことが下手な子どもが増えているのかもしれません。そしてもっと怖いのは、遊ぶことを知らず、その本質がわかっていないセラピストが、プレイセラピーを行う時代が近づいている、ということです。

発達障碍をもつ人は昔からいたのだけれども、それでも、彼らが何とかやっているのは、たとえば手遊び歌の『せっせっせ』とか、『お手玉』『縄跳び』『旗あげゲーム』といった昔の遊びが、神経回路のつながりの悪さを回復させたり修復させる機能を果たしていて、遊ぶことを通して、多面的な感覚をプロセスするトレーニングが自然にできていたのではないか、そして、からだの部位を同時に使うような昔の遊びや関わりが神経回路のつながりを育て、いくつもの機能がひとつの脳の中でプロセスされ、統合されてゆくことを手助けしていったのではないかと神田橋（二〇〇九）は考えています。

のりくんもそうでしたが、たとえばトランポリンを跳びながらボールを連続して受けとったり、卓球のように自分が動きながら球を打つ、といったような遊びをしてゆくと、からだ全体のつながりがよくなり、自分の動きがなめらかになり、かつ、からだがしっかりしてきて、行動がまとまってくるのです。そうなると、たとえば最初はモグラ叩きを力まかせに叩いて、かえってモグラを打ち出せなかった子どもが、力加減を調整して、軽やかに叩くことでモグラを打ち出すことができるように変わってきます。こうなってくると、結果としてしたいことができるようになるので、全体として精神的にも落ち着いてくるのです。同様に、発達の片寄りをもち、からだのバランスが悪く二歳の時から相談にきていた少年（『母と子のこころの相談室』第四章『潤くんのケース』）の場合も、私は彼とプレイルームで曲芸のような遊びをくり返すことを通して、からだ全体の動きを調整してゆきました。それにより、彼もまた、自分で自分のからだを実感することができるようになり、行動がまとまり、全体として落ち着いてゆきました。つまり、彼ものりくんも、このように、自分のすべてをつかって遊び抜くことを通して、からだもこころもつながりがよくなり、自分のしたいことに落ち着いてとりくむことができる自分、を育てていったのだと思います。

このように考えていくと、発達的な課題を抱えた子どもたちや、成長のために必須ともいえる『遊ぶこと』それ自体がうまくできないために、自分をつくることができず、不適応や不調を呈する子どもたちもまた、今後はますますプレイセラピーに訪れて、自分の土台をつくってゆかなければならない時代になってきているのかもしれません。そう考えた時、これまで以上に子どものプレイセラピーの果たす役割は、重要になるのだろうと思います。

〔引用・参考文献〕

神田橋條治『治療のこころ（巻三・ひとと技）』花クリニック神田橋研究会、一九九三年
神田橋條治『ちばのつどい（三）二〇〇九年』ちば心理教育研究所、二〇〇九年
神田橋條治『発達障碍は治りますか』花風社、二〇一〇年
神田橋條治『ちばのつどい（四）二〇一〇年』ちば心理教育研究所、二〇一〇年
小林隆児「発達障碍における『発達』について考える」『そだちの科学（特集・アスペルガー症候群）』五号、二一―八頁、二〇〇五年

小林隆児『よくわかる自閉症』法研、二〇〇八年
黒田洋一郎「発達障害の子どもの脳の違いとその原因―シナプス接続異常と遺伝・環境相互作用」『科学』七八巻四号、四五一―四五七頁、二〇〇八年
小澤勲『自閉症とは何か』（復刊版）洋泉社、二〇〇七年、（初版）悠久書房、一九八四年
汐見稔幸「子どもへのまなざし―子どもが忌避される国、その背景と克服の可能性」『都市問題（特集・「お受験」と「貧困」）』一〇一巻二号（二〇一〇年二月号）、七六―八三頁、二〇一〇年
田中千穂子「関係性の心理臨床―発達臨床の視点から」（田中千穂子編）『発達障碍の理解と対応―心理臨床の視点から』二六九―三三二頁、金子書房、二〇〇九年
田中千穂子『母と子のこころの相談室』（改訂新版）山王出版、二〇〇九年、（初版）医学書院、一九九三年

おわりに

私は子どものセラピーをしたい、と考えて心理療法を学んできたわけではありません。心理臨床家として、目のまえの相談者が、こころの問題を考えたり、解決していこうとするなかで、できるだけ自由にのびのびと生きることができるようにと願って、相談を受けてきました。その心理臨床家としての歩みのなかに、子どもの相談もまた、含まれていました。そして、子どものセラピーでは、なぜか子どもには優しいのに、親に対して厳しい心理臨床家が多いという事実に遭遇し、子どもを育てる親をも支えなければ、子どものセラピーはうまくいくはずはない、ということも考えるようになりました。そうしていくうちに、いつしか親と子の関係性を育てる援助、ということが私の心理臨床の中心にくるようになり、それは成人のセラピーにおいても、大きな柱になりました。このような中で、私のプレイセラピーとの関わりも育ってきました。

一四年前に私は開業クリニックから大学院に籍を移しました。多くの大学院の多くの心理臨床の教員が、プレイセラピーのことを、子どもだから簡単、ただ遊んでいればよくなっていく、子どものことなど、子育てをしてきたのだから大体わかる、といった程度の誤った認識から、授業や臨床指導を行なっているという現実に直面し、愕然となりました。何もわかっていないのに、わかった気になって、プレイセラピーについて語ったり批判したりしているあり様を見るのは、何とも不可思議な気分でした。また子どものセラピーに携わっていない専門家がわからないのは仕方ないとしても、プレイセラピーの専門家の間にも、まだたくさんの誤解があるということにも、私は衝撃をけました。

このような状況は、私が心理臨床の世界にはいった三〇年前と今とを比べても、たいして変わっていないように思います。また、多くの大学院で、はじめてのケースにプレイセラピーを担当させる傾向がありますが、情熱と誠意で一生懸命に関わり、思いもかけない素敵なセラピーが展開されることがある一方で、どう考えても方向違いな関わりをしたり、見立てなどないままにはじめてしまい、迷走しながら途中で頓挫してゆくケースも多々見てきました。初心者によるセラピーで、セラピストが思いを込めてのめりこむことによって生じる、よい方の影響はよく語られますが、後者のような、つぶれてゆくケースもまた、相当数にのぼることは、決して表にでることはないものの、どこでも起こっていることとです。胸が痛く、罪深いことだと思います。こういう現実を前に私はなぜ、これほどまでに、プレイセラピーというものが誤解され、正当に評価されることなく、劣悪な待遇をうけざるを得ないのか、ということを真剣に考えるようになりました。そしていつか、自分なりに自分たちがしているプレイセラピーをきちんと説明したいし、説明する必要があると考えるようになりました。

しかし実際問題、自分のしているプレイセラピーを、ことばに置き換えて説明するのは容易なことではありません。私のまわりには、質のよいプレイセラピーをしているセラピストはたくさんいます。しかし、質のよいセラピーをすることと、そのプレイをことばにして説明することとは、まったく違う行程です。そこには『感覚的にとらえたものを、あえてことばで捉えなおす』という複雑な作業が存在します。感覚的にイメージで捉えるセンスが高い人ほど、それをことばに完全には置き換え得ない、ということがわかっていますし、セラピーそれ自体は、自分の感覚やセンスで捉えながら対応するので、あえてことばに置き換えるために時間をさくことに、意味を見出せないのだと思います。このように第一には、ことばに置き換えることのむずかしさがあること、第二には、私自身もその傾向がありますが、膨大な時間を使ってひとつのケースを論考化するよりも、実際に目の前で困って悩んでいる親子へのセラピーに時間をさくほうを優先したい、という現場の心理臨床家の思いが、実際に行われているプレイセラピーを、正当に理解されるところから遠ざけてきた大きな要因だったと思います。しかしそれでは、いつまでたってもこのプレイセラピーをめぐる不幸な状況はかわりません。だとしたら、誰かがその壁を乗り越えてゆかなければなりません。

思うに、これまで、箱庭療法もプレイセラピーも、特に初期の段階では、ことばにすると一番大事な何かが落ちてしまう、セラピーのなかの大事な部分はことばにならない、だからことばにしないでそっと感覚のままで捉えておこうという方向性が、重視されてきたように思います。ことばにすると、落ちる部分があるのはその通りだと思います。しかし、それを怖れて何もことばにしていかないということであるならば、貴重な経験を他者と共有することもできません。それでは、社会からきちんと理解されることも望めません。すでにわが国では、プレイセラピーについての概説書は、ほとんど出尽くしているように思われます。事例研究ではこれまでと同様、これからも知見を集積させてゆけばよいでしょう。そう考えていくと、今のわが国になかったものでこれから必要なもの、それは、プレイセラピーのなかで、セラピストとクライエントとの間にゆきかうものを、ことばだけでなく、ことばにならない感覚や情緒的なやりとり、つまり主観的体験をこそ、もっとことばに置き換えてゆこうとする作業であり、その知見を集積させてゆくことだろうと思います。

個々人が自分の感性を豊かに発揮しつつ、相手のこういう動きのなかに、こういうメッセージを読みとった、そこで自分はこう考え、こう対応した、というような、人間関係の機微や互いの間にゆきかう情緒を、コマ送りにとまではいかなくても、できるだけ詳細にことばに翻訳して、何とか捕まえていこうとする工夫と試みこそが、これからのプレイセラピーの未来をつくると思うのです。セラピストとクライエントの間をゆきかう情緒こそ、セラピーにはもっとも大事な要素であるはずですが、それがないがしろにされ、目にみえるものや、ことばで表出されたものだけに重きがおかれる傾向が顕著なのが、現代の心理療法の実情です。それで対応できるものもありますが、それはごく一部でしかありません。何をしているのかわからない、何を考えているのかわからない、というような状態に陥りながら、救いを求めて相談に来た人を、その混沌から救い出し、その人が自分自身を見つけだし、自分なりの人生を歩む軌道に戻してゆく道を、その人と一緒に見つけてゆくようなセラピーで、セラピストが手がかりにできるのは、自分自身の感覚です。その感性を磨かなければ、心理臨床は衰弱してゆくだろうと、私は本気で考えています。そしてプレイセラピーは、そのような感性をもっとも養ってくれるセラピーなのです。私はこれまで、遊ぶことの意味を読みとることの重要性を語ってきましたが、これからは、遊ぶことの意味を読みとれないだけでなく、からだとあたまとこころの全体で遊ぶということを知らず、よって、それができないセラピストが子どもにプレイセラピーを行う時代にはいってゆくのではないかと不安に思っています。そう考えるといま一度、私たちはこころの成長や発達ということについて、外側に問いかけてゆくだけでなく、同時に自分たちの内側にもどって、みつめ、問いかけ、考えてゆくことが求められているのだと思います。そうすることで、心理臨床は本当の豊かさと輝きをとり戻し、充実してゆくのではないかと思うのです。

私はこの本の執筆を最後にこの三月で大学院での教員職を退職し、心理臨床の現場に戻ることにしました。心理臨床の現場で学んだことを、私は大学院でたくさんの学生たちと共有しました。今度は大学院で学んだたくさんのことが、心理臨床の現場でのセラピーに、有形無形に役立ってくれることと思います。本書はいわば、私の大学院の卒業論文にあたるもので、かつ、自分が心理臨床をことばに置き換えるために行ってきた、単著の一〇冊目にあたります。プレイセラピーのことが、いつも頭のなかにありながら、これほどまでに時間がかかったのは、やはり自分のプレイをことばで説明することが、いかにむずかしかったか、ということの証左であると思います。私は、これからも自分の感覚や感性で捉えたものを、ことばに置き換えて、社会に発信してゆきたいと考えます。そして本書を世に送りだしてくださることを応援してくださった、日本評論社の遠藤俊夫さんに、深く感謝いたします。遠藤さんには私が大学に移ったばかりの頃に、『こころの科学』への連載を書かないかと声をかけて頂きました。大学人としての入口と出口で偶然同じ編集さんにお世話になることになったことに、何かご縁を感じています。本書で記したものが、賛同していただけるにしろ、批判されるにしろ、何がしかの刺激となり、わが国のプレイセラピーがより正当に評価され、さらなる発展をとげてゆくこと、そのための一石になるとうれしいです。

二〇一一年二月

田中千穂子

田中千穂子（たなか・ちほこ）

1954年　東京生まれ。
1983年　東京都立大学大学院人文科学研究科心理学専攻博士課程修了。文学博士。1981年より花クリニック精神神経科勤務(2021年3月まで)。1993〜94年　Children's National Medical Center（Washington D.C.）assistant researcher。1997年より東京大学大学院教育学研究科勤務、2004年より同大学院同研究科教授（2011年３月まで）。2016年より学習院大学文学部心理学科教授（2021年３月まで）。臨床心理士。
主　著『母と子のこころの相談室』(医学書院、1993年、改定新版、山王出版、2009年)
『ひきこもりの家族関係』(講談社＋α文庫、2001年)
『心理臨床への手びき』(東京大学出版会、2002年)
『障碍の児のこころ』(ユビキタスタジオ、2007年)
『プレイセラピーへの手びき』(日本評論社、2011年) など。

●こころの科学叢書

プレイセラピーへの手《て》びき──関係《かんけい》の綾《あや》をどう読《よ》みとるか

2011年３月25日　第１版第１刷発行
2015年10月15日　第１版第２刷発行
2019年２月10日　第１版第３刷発行
2021年11月１日　第１版第４刷発行

著　者──田中千穂子
発行所──株式会社 日本評論社
〒170-8474　東京都豊島区南大塚3-12-4
電話 03-3987-8621（販売）-8598（編集）振替 00100-3-16
印刷所──港北出版印刷株式会社
製本所──株式会社難波製本
装　幀──駒井佑二
検印省略　© Chihoko Tanaka　2011
ISBN 978-4-535-80426-5　Printed in Japan